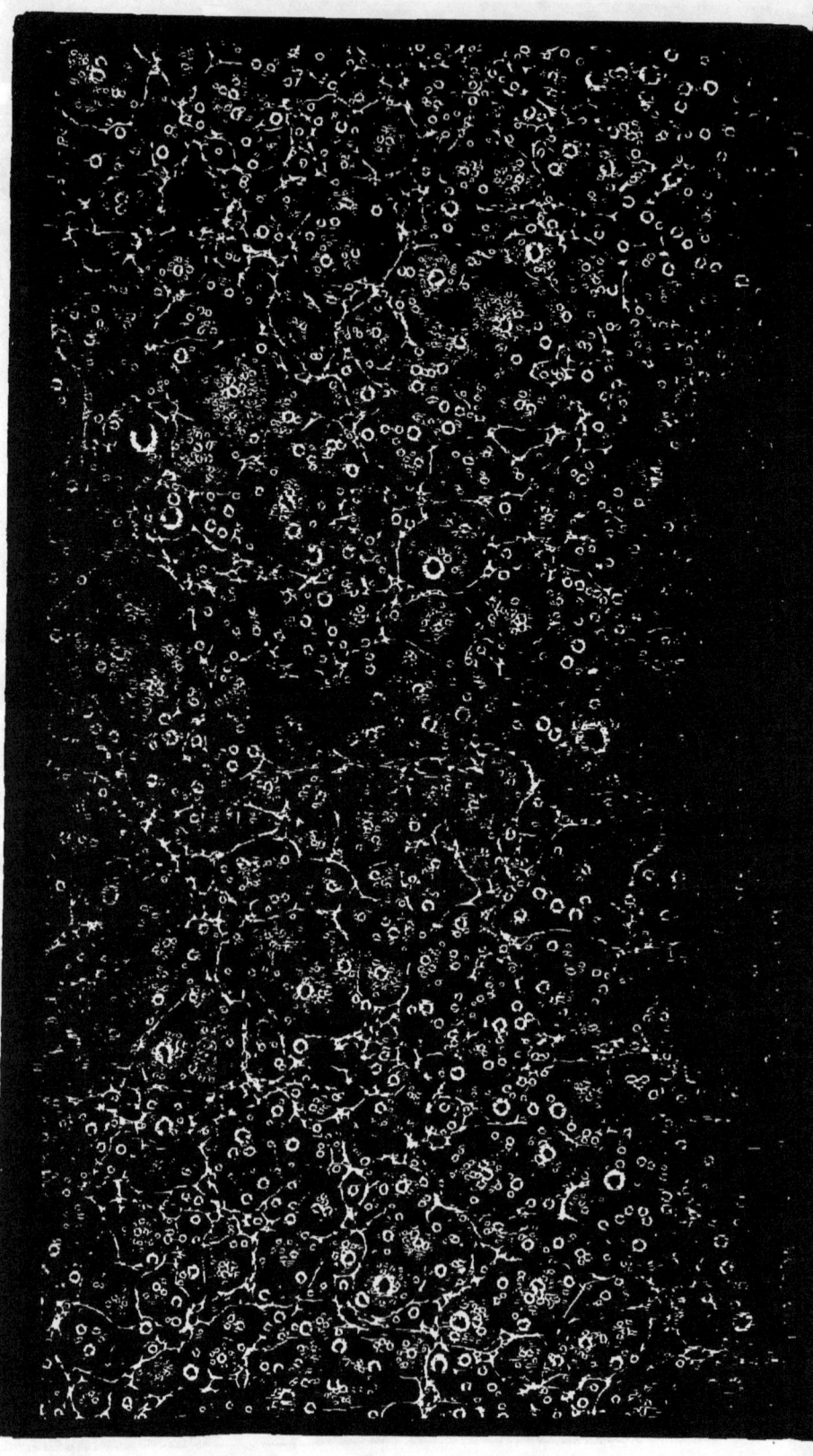

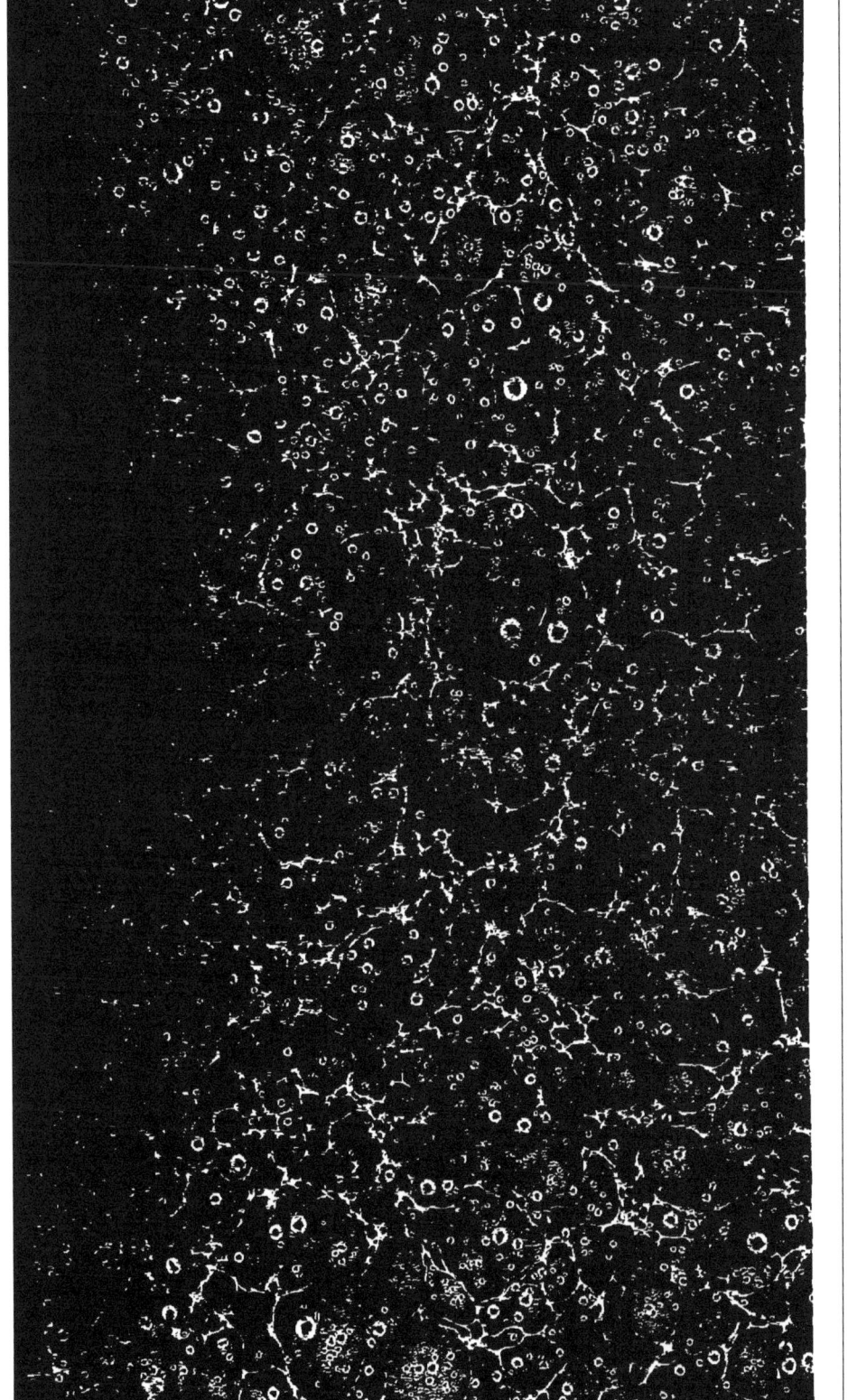

42828

BIBLIOTHÈQUE

D'UNE

MAISON DE CAMPAGNE.

TOME IX.

PREMIÈRE LIVRAISON.

VOYAGE

SENTIMENTAL.

IMPRIMERIE DE LEBÉGUE.

VOYAGE

SENTIMENTAL,

DE STERNE.

TOME PREMIER.

PARIS,
CHEZ LEBÈGUE, IMPRIMEUR - LIBRAIRE,
RUE DES RATS, N° 14, PRÈS LA PLACE MAUBERT.

1820.

VOYAGE

SENTIMENTAL.

~~~~~~~~

« Cette affaire, dis-je, est mieux réglée en France. »

Vous avez été en France ? me dit le plus poliment du monde, et avec un air de triomphe, la personne avec laquelle je disputais... Il est bien surprenant, dis-je en moi-même, que la navigation de vingt et un milles, car il n'y a absolument que cela de Douvres à Calais, puisse donner tant de droits à un homme.... Je les examinerai.... Ce projet fait aussitôt cesser la dispute. Je me retire chez moi.... Je fais un paquet d'une demi-douzaine de chemises, d'une culotte de soie noire.... Je jette un coup d'œil sur les manches de mon habit ; je vois qu'il peut passer.... Je prends une place dans la voiture publique de Douvres. J'arrive. On me dit que le paquebot part le lendemain matin à neuf heures. Je m'embarque ; et, à trois heures après-midi, je mange en France une fricassée de poulets, avec une telle certitude d'y être, que, s'il m'était arrivé la nuit suivante de mourir d'indigestion, le monde entier n'aurait pu suspendre l'effet du droit d'aubaine. Mes chemises, ma culotte de soie noire, mon porte-manteau, tout aurait appartenu au roi de France ; même ce petit portrait que j'ai si long-temps porté, et que je t'ai si souvent dit, Eliza, que j'emporterais avec moi dans le tombeau, m'aurait été arraché du cou... En vérité, c'est être peu généreux, que de se saisir des effets d'un imprudent étranger que la politesse et la civilité de vos sujets engagent à parcourir vos États. Par le ciel, Sire, le trait n'est pas beau : je fais ce reproche avec d'autant plus de peine, qu'il s'adresse au monarque d'un peuple si honnête, et dont la délicatesse des sentimens est si vantée partout.

A peine ai-je mis le pied dans vos États...

CALAIS.

Je dînai. Je bus, pour l'acquit de ma conscience, quelques rasades à la santé du roi de France, à qui je ne portais point rancune ; je l'honorais et respectais au contraire infiniment, à cause de son humeur affable et humaine ; et, quand cela fut fait, je me levai de table en me croyant d'un pouce plus grand.

Non.... dis-je, la race des Bourbons est bien éloignée d'être cruelle.... Ils peuvent se laisser surprendre : c'est le sort de presque tous les princes ; mais il est dans leur sang d'être doux et modérés. Tandis que cette vérité se rendait sensible à mon âme, je sentais sur ma joue un épanchement d'une espèce plus délicate, une chaleur plus douce et plus propice que celle que pouvait produire le vin de Bourgogne que je venais de boire, et qui coûtait au moins quarante sous la bouteille.

Juste Dieu! m'écriai-je, en poussant du pied mon porte-manteau de côté, qu'y a-t-il donc dans les biens de ce monde pour aigrir si fort nos esprits, et causer des querelles si vives entre ce grand nombre d'affectionnés frères qui s'y trouvent?

Lorsqu'un homme vit en paix et en amitié avec les autres, le plus pesant des métaux est plus léger qu'une plume dans sa main. Il tire sa bourse, la tient ouverte, et regarde autour de lui, comme s'il cherchait un objet avec lequel il pourrait la partager. C'est précisément ce que je cherchais.... Je sentais toutes mes veines se dilater ; le battement de mes artères se faisait avec un concert admirable; toutes les puissances de la vie accomplissaient en moi leurs mouvemens avec la plus grande facilité; et la précieuse la plus instruite de Paris, avec tout son matérialisme, aurait eu de la peine à m'appeler une machine.

Je suis persuadé, me disais-je à moi-même, que je bouleverserais son *Credo*.

Cette idée, qui se joignit à celles que j'avais, éleva en moi la nature aussi haut qu'elle pouvait monter.... J'étais en paix avec tout le monde auparavant, et cette pensée acheva de me faire conclure le même traité avec moi-même.

Si j'étais à présent roi de France, me disais-je, quel moment favorable à un orphelin, pour me demander, malgré le droit d'aubaine, le porte-manteau de son père!

LE MOINE.

Cette exclamation était à peine sortie de ma bouche, qu'un moine de l'ordre de saint François entra dans ma chambre, pour me demander quelque chose pour son couvent. Personne ne veut que le hasard dirige ses vertus. Un homme peut n'être généreux que de la même manière qu'un autre, selon la distinction des casuistes, peut être puissant. *Sed non quoad hanc....* Quoi qu'il en soit.... car on ne peut raisonner régulièrement sur le flux et le reflux de nos humeurs : elles dépendent peut-être des mêmes causes que les marées ; et, si cela était, ce serait une espèce d'excuse à cette inconstance à laquelle nous sommes si sujets. Je sais bien, pour ce qui me regarde, que j'aimerais mieux qu'on dît de moi, dans une affaire où il n'y aurait ni péché ni honte, que j'ai été dirigé par les influences de la lune, que d'entendre attribuer l'action où il y en aurait, à mon *libre arbitre*.

Quoi qu'il en soit, car il faut revenir où j'en étais, je n'eus pas sitôt jeté les yeux sur le moine, que je me sentis *prédéterminé* à ne lui pas donner un sou. Je renouai effectivement le cordon de ma bourse, et je la remis dans ma poche. Je pris un certain air; et, la tête haute, j'avançai gravement vers lui : je crois même qu'il y avait quelque chose de rude et de rebutant dans mes regards. Sa figure est encore présente à mes yeux ; et il me semble, en me la rappelant, qu'elle méritait un accueil plus honnête.

Le moine, si j'en juge par sa tête chauve, et le peu de cheveux blancs qui lui restaient, pouvait avoir soixante-dix ans. Cependant ses yeux, où l'on voyait une espèce de feu que l'usage du monde avait plutôt tempéré que le nombre des années, n'indiquaient que soixante ans. La vérité était peut-être au milieu de ces deux calculs; c'est-à-dire, qu'il pouvait avoir soixante-cinq ans. Sa physionomie en général lui donnait cet âge ; les rides dont elle était sillonnée ne font rien à la chose: elles pouvaient être prématurées.

C'était une de ces têtes qui sont si souvent sorties du pinceau du Guide. Une figure douce, pâle, n'ayant point l'air d'une ignorance nourrie par la présomption ; des yeux pénétrans, et qui cependant se baissaient avec modestie vers la terre, et semblaient aussi viser à quelque chose au-delà de ce monde. Dieu sait mieux que moi comment cette tête avait été placée sur les épaules d'un moine, et sur-tout d'un moine de son ordre : elle aurait mieux convenu à un Brachmane, et je l'aurais respectée, si je l'avais rencontrée dans les plaines de l'Indostan.

Le reste de sa figure était ordinaire, et il aurait été aisé de la peindre, parce qu'il n'y avait rien d'agréable et de rebutant que ce que le caractère et l'expression rendaient tel. Sa taille au-dessus de la médiocre, était un peu raccourcie par une courbure ou un pli qu'elle faisait en avant ; mais c'était l'attitude d'un moine qui se voue à mendier : telle qu'elle se présente en ce moment à mon imagination, elle gagnait plus qu'elle ne perdait à être ainsi.

Il fit trois pas en avant dans la chambre, mit la main gauche sur sa poitrine, et se tint debout avec un bâton blanc dans sa main droite. Lorsque je me fus avancé vers lui, il me détailla les besoins de son couvent, et la pauvreté de son ordre.... Il le fit d'un air si naturel, si gracieux, si humble, qu'il fallait que j'eusse été ensorcelé pour n'en être pas touché...

Mais la meilleure raison que je puisse alléguer de mon insensibilité, c'est que j'étais prédéterminé à ne lui pas donner un sou.

LE MOINE.

Il est bien vrai, lui dis-je, pour répondre à une élévation de ses yeux, qui avait terminé son discours ; il est bien vrai.... Je souhaite que le ciel soit propice à ceux qui n'ont d'autre ressource que la charité du public ; mais je crains qu'elle ne soit pas assez zélée pour satisfaire à toutes les demandes qu'on lui fait à chaque instant.

A ce mot de demandes, il jeta un coup d'œil léger sur une des manches de sa robe..... Je sentis toute l'éloquence de ce langage. Je l'avoue, dis-je, un habit grossier qu'il ne faut user qu'en trois ans, et un ordinaire apparemment fort mince.... je l'avoue, tout cela n'est pas grand'chose ; mais encore est-ce dommage qu'on puisse les acquérir dans ce monde avec aussi peu d'industrie que votre ordre en emploie pour se les procurer. Il ne les obtient qu'aux dépens des fonds destinés aux aveugles, aux infirmes, aux estropiés et aux personnes âgées.... Le captif qui, le soir en se couchant, compte les heures de ses afflictions, languit après une partie de cette aumône..... Que n'êtes-vous de l'ordre de la Merci, au lieu d'être de celui de saint François. Pauvre comme je suis, vous voyez mon porte-manteau, il est léger ; mais il vous serait ouvert avec plaisir pour contribuer à la rançon des malheureux..... Le moine me salua..... Mais surtout, ajoutai-je, les infortunés de notre pays ont des droits à la préférence, et j'en ai laissé des milliers sur les rivages de ma pâtrie. Il fit un mouvement de tête plein de cordialité, qui semblait me dire que la misère règne dans tous les coins du monde aussi bien que dans son couvent.... Mais nous distinguons, lui dis-je, en posant la main sur la manche de sa robe, dans l'intention de répondre à son signe de tête, nous distinguons, mon bon père, ceux qui ne désirent avoir du pain que par leur propre travail, d'avec ceux qui, au contraire, ne veulent vivre qu'aux dépens du travail des autres, et qui n'ont d'autre plan de vie que de la passer dans l'oisiveté et dans l'ignorance, *pour l'amour de Dieu.*

Le pauvre franciscain ne répliqua pas. Un rayon de rougeur traversa ses joues, et se dissipa dans un clin-d'œil : il semblait que la nature épuisée ne lui fournissait point de ressentiment.... du moins il n'en fit pas voir.... Mais, laissant tomber son bâton entre ses bras, il se baissa avec résignation, ses deux mains contre sa poitrine, et se retira.

LE MOINE.

Il n'eut pas sitôt fermé la porte, que mon cœur me fit un reproche de dureté... Bah! disais-je à trois fois différentes, et prenant un air insouciant; mais ma tranquillité ne revenait pas. Toutes les syllabes disgracieuses que j'avais prononcées se présentaient en foule à mon imagination. Je fis réflexion que je n'avais d'autre droit sur ce pauvre moine que de le refuser, et que c'était une peine assez grande pour lui, sans y ajouter des paroles dures. Je me rappelais ses cheveux gris; sa figure, son air honnête se retraçaient à mes yeux, et il me semblait l'entendre dire : Quel mal vous ai-je fait ?...Pourquoi me traiter ainsi?... En vérité, j'aurais dans ce moment

donné vingt francs pour avoir un avocat...
Je me suis mal comporté, me disais-je...;
mais je ne fais que commencer mes voyages.... J'apprendrai par la suite à me mieux conduire.

LA DÉSOBLIGEANTE.

J'avais remarqué qu'un homme mécontent de lui-même était dans une position d'esprit admirable pour faire un marché. Il me fallait une voiture pour voyager en France et en Italie. J'aperçus des chaises dans la cour de l'hôtellerie, et je descendis de ma chambre pour en acheter ou pour en louer une. Une vieille désobligeante, qui était placée dans le coin le plus reculé de la cour, me frappa d'abord les yeux, et je sautai dedans: je la trouvai passablement d'accord avec la disposition actuelle de mes sensations. Je fis donc appeler M. Dessein, le maître de l'hôtellerie,...mais, mais M. Dessein était allé à vêpres. J'allais descendre, lorsque j'aperçus le moine de l'autre côté de la cour, causant avec une dame qui venait d'arriver à l'auberge.... Je ne voulais pas qu'il me vît ; je tirai le rideau de taffetas pour me cacher ; et, ayant résolu d'écrire mon voyage, je tirai de ma poche mon écritoire portative, et je me mis à en faire la préface dans la désobligeante.

PRÉFACE

DANS LA DÉSOBLIGEANTE.

Plus d'un philosophe péripatéticien doit avoir observé que la nature, de sa pleine autorité, a mis des bornes au mécontentement de l'homme : elle a exécuté son plan de la manière la plus commode et la plus favorable pour lui, en lui imposant l'invincible nécessité de se procurer l'aisance, et de soutenir les revers de la fortune dans son propre pays. Ce n'est que là qu'elle l'a pourvu d'objets les plus propres à participer à son bonheur, et à porter une partie de ce fardeau qui, dans tous les âges et dans toutes les contrées, a toujours paru trop pesant pour les épaules d'une seule personne. Nous sommes doués, il est vrai, du pouvoir de répandre quelquefois notre bonheur hors de ses limites; mais il est bien imparfait, par l'impossibilité de se faire entendre, le manque de connaissances, le défaut de liaisons, la différence qui se trouve dans l'éducation, les mœurs, les coutumes, les habitudes; ce qui nous fait trouver tant de difficultés à communiquer nos sensations hors de notre propre sphère, qu'elles équivalent souvent à une entière impossibilité.

Il s'ensuit de là que la balance du commerce sentimental est toujours contre celui qui sort de chez lui. Les gens qu'il rencontre lui font acheter, au prix qu'ils veulent, les choses dont il n'a guère besoin : ils prennent rarement sa conversation en échange pour la leur, sans qu'il y perde...; et il est forcé de changer souvent de correspondant, pour tâcher d'en trouver de plus équitables. On devine aisément tout ce qu'il a à souffrir.

Cela me conduit à mon sujet; et si le mouvement que je fais faire à la désobligeante me permet d'écrire, je vais développer les causes qui excitent à voyager.

Les gens oisifs qui quittent leur pays natal pour aller chez l'étranger, ont leurs raisons; elles proviennent de l'une ou de l'autre de ces trois causes générales:

Infirmités du corps.
Faiblesse d'esprit.
Nécessité inévitable.

Les deux premières causes renferment ceux que l'orgueil, la curiosité, la vanité, une humeur sombre excitent à voyager par terre et par mer; et cela peut être combiné et subdivisé à l'infini.

La troisième classe offre une armée de pélerins et de martyrs. C'est ainsi que voyagent, sous l'obédience d'un supérieur, les moines de toutes les couleurs; que les malfaiteurs vont chercher le châtiment de leurs crimes; ou que les jeunes gens de famille, aimables libertins, sont forcés par des parens barbares, de voyager sous la tutelle des gouverneurs qui leur sont recommandés par les universités d'Oxford, Aberden et Glasgow.

Il y a une quatrième classe de voyageurs; mais leur nombre est si petit, qu'il ne mériterait pas de distinction s'il n'était nécessaire, dans un ouvrage de la nature de celui-ci, d'observer la plus grande précision et la plus grande exactitude, pour ne point confondre les caractères. Les hommes dont je veux parler ici, sont ceux qui traversent les mers et séjournent dans les pays étrangers par vues d'économie, pour plusieurs raisons et sous divers prétextes. Mais, comme ils pourraient s'épargner et aux autres beaucoup de peines inutiles en économisant dans leur pays...... et que, leurs raisons de voyager sont moins uniformes que celles des autres espèces d'émigrans, je les distinguerai sous le titre de

Simples voyageurs.

Ainsi on peut diviser le cercle entier des voyageurs comme il suit :

Voyageurs oisifs,
Voyageurs curieux,
Voyageurs menteurs,
Voyageurs orgueilleux,
Voyageurs vains,
Voyageurs sombres;

Viennent ensuite

Les Voyageurs contraints, les moines, Les Voyageurs criminels, les coupables,

Les Voyageurs innocens et infortunés,
Les simples Voyageurs;

Et enfin, s'il vous plaît,

Le voyageur sentimental, ou moi-même, dont je vais rendre compte. J'ai voyagé autant par nécessité et par le besoin que j'avais de voyager, qu'aucun autre de cette classe.

Je sais que mes voyages et mes observations seront d'une tournure différente de celle de mes prédécesseurs, et que j'aurais peut-être pu exiger pour moi seul une niche à part; mais, en voulant attirer l'attention sur moi, ce serait empiéter sur les droits du voyageur vain, et j'abandonne cette prétention, jusqu'à ce qu'elle soit mieux fondée que sur l'unique nouveauté de ma voiture.

Mon lecteur se placera lui-même, comme il voudra, dans la liste. Il ne lui faut, s'il a voyagé, que peu d'études et de réflexions, pour se mettre dans le rang qui lui convient. Ce sera toujours un pas qu'il aura fait pour se connaître ; et je parierais que, malgré ses voyages, il a conservé quelque teinture et quelque ressemblance de ce qu'il était avant qu'il ne les commençât.

L'homme qui le premier transplanta des ceps de vignes de Bourgogne au cap de Bonne-Espérance, ne s'imagina pas sans doute, quoique Hollandais, qu'il boirait au cap du même vin que ces ceps de vigne auraient produit sur les côteaux de Beaune et de Pomar... Il était trop flegmatique pour s'attendre à pareille chose ; mais il était au moins dans l'idée qu'il boirait une espèce de liqueur vineuse, bonne, médiocre, ou tout-à-fait mauvaise. Il savait que tout cela ne dépendait pas de son choix, et que ce qu'on appelle hasard, devait décider du succès. Cependant il en espérait la meilleure réussite ; mais, par une confiance trop présomptueuse dans la force de sa tête, et dans la profondeur de sa prudence, mon Hollandais aurait bien pu voir renverser l'une et l'autre par les fruits de son nouveau vignoble, et en montrant sa nudité, devenir la risée du peuple.

Il en est de même d'un pauvre voyageur qui se hisse dans un vaisseau, ou qui court la poste à travers les royaumes les plus policés du globe, pour s'avancer dans la recherche des connaissances et des perfections.

On peut en acquérir en courant les mers et la poste dans cette vue ; mais c'est mettre à la loterie. En supposant même qu'on obtienne ainsi des connaissances utiles et des perfections réelles, il faut encore savoir se servir de ce fonds acquis, avec précaution et avec économie, pour le faire tourner à son profit. Malheureusement les chances vont ordinairement au revers et pour l'acquisition, et pour l'application. Cela me fait croire qu'un homme agirait très-sagement, s'il pouvait prendre sur lui de vivre content dans son pays, sans connaissances et sans perfections étrangères, surtout si on n'y manque pas absolument des unes et des autres. En effet, je tombe en défaillance quand j'observe tous les pas que fait un voyageur curieux, pour jeter les yeux sur des points de vue et observer des découvertes qu'il aurait pu voir chez lui, comme disait très-bien Sancho Pança à Don Quichotte. Le siècle est si éclairé, qu'à peine il y a quelque pays ou quelque coin dans l'Europe, dont les rayons ne soient pas traversés ou échangés réciproquement avec d'autres. Les rameaux divers des connaissances ressemblent à la musique dans les rues des villes d'Italie ; on participe *gratis* à ses agrémens. Mais il n'y a pas de nation sous le ciel, et Dieu à qui je rendrai compte un jour de cet ouvrage, Dieu est témoin que je parle sans ostentation ; il n'y a pas, dis-je, une nation sous le ciel qui soit plus féconde dans les genres variés de la littérature.... où l'on courtise plus les muses...... où l'on puisse acquérir la science plus sûrement........ où les arts soient plus encouragés et plus tôt portés à leur perfection...... où la nature soit plus approfondie...... où l'esprit enfin soit mieux nourri par la variété des caractères.........

Où donc allez-vous, mes chers compatriotes ? Nous ne faisons, me dirent-ils, que regarder cette chaise. Votre très-humble serviteur, leur dis-je en sautant dehors et en ôtant mon chapeau. Nous avions envie de savoir, me dit l'un d'eux, qui était un voyageur curieux, ce qui occasionnait le mouvement de cette chaise.... C'était, dis-je froidement, l'agitation d'un homme qui écrivait une préface.... Je n'ai jamais entendu parler, dit l'autre, qui était un voyageur simple, d'une préface écrite dans une *désobligeante*. Elle aurait peut-être été plus chaudement faite, lui dis-je, dans un vis-à-vis.

Mais un Anglais ne voyage pas pour

voir des Anglais.... Je me retirai dans ma chambre.

Je marchais dans le long corridor; il me semblait qu'une ombre plus épaisse que la mienne en obscurcissait le passage : c'était effectivement monsieur Dessein qui, étant revenu de vêpres, me suivait complaisamment, le chapeau sous le bras, pour me faire souvenir que je l'avais demandé. La préface que je venais de faire dans la *désobligeante* m'avait dégoûté de cette espèce de voiture, et monsieur Dessein ne m'en parla que par un haussement d'épaules, qui voulait dire qu'elle ne me convenait pas. Je jugeai aussitôt qu'elle appartenait à quelque voyageur idiot, qui l'avait laissée à la probité de monsieur Dessein, pour en tirer ce qu'il pourrait. Il y avait quatre mois qu'elle était dans le coin de la cour : c'était le point marqué; où, après avoir fait son tour d'Europe, elle avait dû revenir. Lorsqu'elle en partit, elle n'avait pu sortir de la cour sans être réparée; elle s'était dépuis brisée deux fois sur le Mont-Cenis. Toutes ces aventures ne l'avaient pas améliorée, et son repos oisif dans le coin de la cour de monsieur Dessein ne lui avait pas été favorable. Elle ne valait pas beaucoup, mais encore valait-elle quelque chose...... Et, quand quelques paroles peuvent soulager la misère, je déteste l'homme qui en est avare.....

Je dis à monsieur Dessein, en appuyant le bout de mon index sur sa poitrine : en vérité, si j'étais à votre place, je me piquerais d'honneur pour me défaire de cette désobligeante ; elle doit vous faire des reproches toutes les fois que vous en approchez.

— *Mon Dieu!* dit monsieur Dessein, je n'y ai aucun intérêt......Excepté, dis-je, l'intérêt que des hommes d'une certaine tournure d'esprit, monsieur Dessein, prennent dans leurs propres sensations....... Je suis persuadé que pour un homme qui sent pour les autres aussi bien que pour lui-même, et vous vous déguisez inutilement ; je suis persuadé que chaque nuit pluvieuse vous fait de la peine...... Vous souffrez, monsieur Dessein, autant que la machine.

J'ai toujours observé, lorsqu'il y a de l'*aigre doux* dans un compliment, qu'un Anglais est en doute s'il se fâchera ou non. Un Français n'est jamais embarrassé : monsieur Dessein me salua.

Ce que vous dites est bien vrai, monsieur, dit-il; mais je ne ferais dans ce cas-là que changer d'inquiétude, et avec perte. Figurez-vous, je vous prie, mon cher monsieur, si je vous vendais une voiture qui tombât en lambeaux avant d'être à la moitié du chemin, figurez-vous ce que j'aurais à souffrir de la mauvaise opinion que j'aurais donnée de moi à un homme d'honneur, et de m'y être exposé vis-à-vis d'un *homme d'esprit.*

La dose était exactement pesée au poids que j'avais prescrit; il fallut que je la prisse... Je rendis à monsieur Dessein son salut; et, sans parler davantage de cas de conscience, nous marchâmes vers sa remise, pour voir son magasin de chaises.

DANS LA RUE.

Le globe que nous habitons est apparemment une espèce de monde querelleur. Comment, sans cela, l'acheteur d'une aussi petite chose qu'une mauvaise chaise de poste, pourrait-il sortir dans la rue avec celui qui veut la vendre, dans des dispositions pareilles à celles où j'étais? Il ne devait tout au plus être question que d'en régler le prix; et je me trouvais dans la même position d'esprit, je regardais mon marchand de chaises avec les mêmes yeux de colère, que si j'avais été en chemin pour aller au coin de *Hyde-Parc* me battre en duel avec lui. Je ne savais par trop bien manier l'épée, et je ne me croyais pas capable de mesurer la mienne avec celle de monsieur Dessein...

mais cela n'empêchait pas que je ne sentisse en moi les mouvemens dont on est agité dans cette espèce de situation.... Je regardais monsieur Dessein avec des yeux perçans.... Je les jetais sur lui en profil... ensuite en face.... Il me semblait un Juif... un Turc.... Sa perruque me déplaisait.... J'implorais tous mes dieux pour qu'ils le maudissent... Je le souhaitais à tous les diables....

Le cœur doit-il donc être en proie à toutes ces émotions pour une bagatelle ? Qu'est-ce que trois ou quatre louis, qu'il peut me faire payer de trop ? Passion basse ! me dis-je en me retournant avec la précipitation naturelle d'un homme qui change subitement de façon de penser... Passion basse, vile !.... tu fais la guerre aux humains : ils devraient être en garde contre toi.... Dieu m'en préserve, s'écria-t-elle, en mettant la main sur son front... et je vis, en me retournant, la dame que le moine avait abordée dans la cour... Elle nous avait suivis sans que nous nous en fussions aperçus. Dieu vous en préserve, lui dis-je en lui offrant la mienne... Elle avait des gants de soie noire, qui étaient ouverts au bout des pouces et des doigts.... Elle l'accepta sans façon, et je la conduisis à la porte de la remise.

Monsieur Dessein avait donné plus de cinquante fois la clef au diable avant de s'apercevoir que celle qu'il avait apportée n'était pas la bonne. Nous étions aussi impatiens que lui de voir cette porte ouverte; et si attentifs à l'obstacle, que je continuai à tenir la main de la dame sans presque m'en apercevoir; de sorte que monsieur Dessein nous laissa ensemble, la main dans la mienne, et le visage tourné vers la porte de la remise, en nous disant qu'il serait de retour dans cinq ou six minutes.

Un colloque de cinq ou six minutes dans une pareille situation, fait plus d'effet que s'il durait cinq ou six siècles le visage tourné vers la rue. Ce que l'on se dit dans ce dernier cas ne roule ordinairement que sur des objets et des événemens du dehors.... Mais, quand les yeux ne sont point distraits, et qu'ils se portent sur un point fixe, le sujet du dialogue ne vient uniquement que de nous-mêmes.... Je sentis l'importance de la situation.... Un seul moment de silence après le départ de monsieur Dessein y eût été fatal.., La dame se serait infailliblement retournée... Je commencai donc la conservation sur-le-champ.

Comme je n'écris pas pour excuser les faiblesse de mon cœur, mais pour en faire le récit, je vais dire quelles furent les tentations que j'éprouvai dans cette occasion, avec la même simplicité que je les ai senties.

LA PORTE DE LA REMISE.

Lorsque j'ai dit que je ne voulais pas sortir de la désobligeante, parce que je voyais le moine en conférence avec une dame qui venait d'arriver, j'ai dit la vérité.... mais je n'ai pas dit toute la vérité ; car j'étais bien autant retenu par l'air et la figure de la dame avec laquelle il s'entretenait. Je soupçonnais qu'il lui rendait compte de ce qui s'était passé entre nous... quelque chose en moi-même me le suggérait.... Je souhaitais le moine dans son couvent.

Lorsque le cœur devance l'esprit, il épargne au jugement bien des peines.... J'étais certain qu'elle était du rang des plus belles créatures. Cependant je ne pensai plus à elle, et continuai d'écrire ma préface.

L'impression qu'elle avait faite sur moi revint aussitôt que je la rencontrai dans la rue. L'air franc et en même temps réservé avec lequel elle me donna la main, me parut une preuve d'éducation et de bon sens. Je sentais, en la conduisant, je ne sais quelle douceur autour d'elle, qui répandait le calme dans tous mes esprits.

Bon Dieu, me disais-je, avec quel plaisir on mènerait une pareille femme avec soi autour du monde!

Je n'avais pas encore vu son visage.... mais qu'importe? son portrait était achevé long-temps avant d'arriver à la remise. L'imagination m'avait peint toute sa tête, et se plaisait à me faire croire qu'elle était une déesse, autant que si je l'eusse retirée du fond du Tibre... O magicienne! tu es séduite, et tu n'es toi-même qu'une friponne séduisante... Tu nous trompes sept fois par jour avec tes portraits et tes images.... mais aussi tu les fais si gracieux, ils ont tant de charmes.... tu couvres tes peintures d'un coloris si brillant, qu'on a du regret à rompre avec toi.

Lorsque nous fûmes près de la porte de la remise, elle ôta sa main de son front et le laissa voir.... C'était une figure à peu près de vingt-six ans... une brune claire, piquante, sans rouge, sans poudre, et accommodée le plus simplement. A l'examiner en détail, ce n'était pas une beauté ; mais il y avait dans cette figure le charme qui, dans la situation d'esprit où je me trouvais, m'attachait beaucoup plus que la beauté : elle était surtout intéressante... Elle avait l'air d'une veuve qui avait surmonté les premières impressions de la douleur, et qui commençait à se réconcilier avec sa perte : mais mille autres revers de la fortune avaient pu tracer les mêmes lignes sur son visage.... J'aurais voulu savoir ses malheurs... et si le même bon ton qui régnait dans les conversations du temps d'Esdras eût été à la mode en celui-ci, je lui aurait dit : *Qu'as-tu? et pourquoi cet air inquiet? Qu'est-ce qui te chagrine ? et d'où te vient ce trouble d'esprit ?*

En un mot, je me sentis de la bienveillance pour elle, et je pris la résolution de lui faire *ma cour* de manière ou d'autre... enfin de lui offrir mes services.

Telles furent mes tentations.... et, disposé à les satisfaire, on me laissa seul avec la dame, sa main dans la mienne, ayant le visage tourné vers la remise, et beaucoup plus près de la porte que la nécessité ne l'exigeait.

LA PORTE DE LA REMISE.

Belle dame, lui dis-je, en élevant légèrement sa main, voici un de ces événemens qu'amène la capricieuse fortune, de prendre, pour ainsi dire par la main deux personnes absolument étrangères l'une à l'autre, de différens sexes, et peut-être de différens coins du monde, et de les placer en un moment ensemble d'une manière si cordiale, que l'amitié elle-même en pourrait à peine faire autant, si elle l'avait projeté depuis un mois.

« Et votre réflexion sur ce point, Mon-
« sieur, fait voir combien l'aventure vous
« a embarrassé.... »

Lorsque notre situation est telle que

nous l'aurions souhaitée, rien n'est plus mal à propos que de parler des circonstances qui la rendent ainsi : Vous remerciez la fortune, continua-t-elle, vous avez raison.... Le cœur le savait, et il était content. Il n'y avait qu'un philosophe anglais qui pût en avertir l'esprit pour révoquer le jugement.

En me disant cela, elle dégagea sa main avec un coup d'œil qui me parut un commentaire suffisant sur le texte.

Je vais donner une misérable idée de la faiblesse de mon cœur, en avouant qu'il éprouva une peine que des causes peut-être plus dignes n'auraient pu lui faire ressentir.... La perte de sa main me mortifiait, et la manière dont je l'avais perdue ne portait point de baume sur la blessure... Je sentis alors plus que je n'ai jamais fait de ma vie, le désagrément que cause une sotte infériorité.

Mais de pareilles victoires ne donnent qu'un triomphe momentané ; un cœur vraiment féminin n'en jouit pas longtemps. Cinq ou six secondes changèrent la scène : elle appuya sa main sur mon bras pour achever sa réplique, et je me remis, sans savoir comment, dans ma première situation.

J'attendais qu'elle me parlât... elle n'avait rien à y ajouter.

Je donnai alors une autre tournure à la conversation. La morale et l'esprit de la sienne m'avaient fait voir que je n'avais pas bien saisi son caractère. Elle tourna son visage vers moi, et je m'aperçus que le feu qui l'avait animée pendant qu'elle me parlait, s'était évanoui..... ses muscles s'étaient relâchés, et je revis ce même air de peine qui m'avait d'abord intéressé en sa faveur. Qu'il était triste de voir cet esprit fin et délicat en proie à la douleur ! Je la plaignis de toute mon âme. Ce que je vais dire paraîtra peut-être ridicule à un cœur insensible... mais, en vérité, j'aurais pu en ce moment la prendre et la serrer dans mes bras, quoique dans la rue, sans en rougir.

Mes doigts serraient les siens, et le battement de mes artères qui s'y faisait sentir, lui apprit ce qui se passait en moi... Elle baissa les yeux... un moment de silence s'ensuivit.

Je craignis avoir fait, dans cet intervalle, quelques légers efforts pour serrer davantage sa main; car j'éprouvai une sensation plus subtile dans la mienne... Ce n'était pas un mouvement pour retirer la sienne... mais c'était comme si la pensée lui en venait; et je l'aurais infailliblement perdue une seconde fois, si l'instinct, plus que la raison, ne m'eût suggéré fort à propos une dernière ressource dans ces sortes de périls... c'était de la tenir si légèrement, qu'il semblait que j'étais sur le point de lui rendre sa liberté de mon propre gré; et c'est ainsi qu'elle me la laissa jusqu'à ce que monsieur Dessein fût de retour avec la clef. Cependant je me mis à réfléchir sur les moyens d'effacer les mauvaises impressions contre moi, qu'aurait pu faire sur son esprit mon histoire avec le pauvre moine, en cas que celui-ci lui en eût fait le rapport.

LA TABATIÈRE.

Le bon vieillard de moine était à quatre pas de nous, lorsque je me rappelais ce qui s'était passé entre lui et moi... il avançait d'un pas timide, dans la crainte sans doute de se rendre importun.... Il approche enfin d'un air libre.... Il avait une tabatière de corne à la main, et il me la présenta ouverte avec beaucoup de franchise... Vous goûterez de mon tabac, lui dis-je, en tirant de ma poche une petite tabatière d'écaille que je mis dans sa main.... Il est excellent, dit-il. Hé bien, lui dis-je, faites-moi donc la grâce de garder le tabac et la tabatière... et, lorsque vous en prendrez une prise, souvenez-vous quelquefois que c'est l'offrande de paix d'un homme qui vous a traité brusquement..... mais qui n'en avait pas l'intention dans le cœur.

Le pauvre moine devint rouge comme de l'écarlate... Mon Dieu ! dit-il en serrant ses mains l'une contre l'autre, vous n'avez jamais été brusque à mon égard.... Oh! pour cela, dit la dame, je crois qu'il en est incapable. Je rougis à mon tour.... Et quelle en fut la cause.... Je le laisse à deviner à ceux qui ont du sentiment...... Pardonnez-moi, Madame, je l'ai traité très-rudement et sans aucune provocation de sa part.... Cela est impossible, dit-elle..... Mon Dieu, s'écria le moine avec une vivacité qui lui paraissait étrangère, la faute en fut à moi et à l'indiscrétion de mon zèle. La dame dit que cela ne pouvait pas être; et je m'unis à elle pour soutenir qu'il était impossible qu'un homme aussi honnête que lui pût offenser qui que ce soit.

J'ignorais, avant ce moment, qu'une

dispute pût causer une irritation aussi douce et aussi agréable dans toutes les parties sensitives de notre existence. Nous restâmes dans le silence.... et nous y restâmes sans éprouver cette peine ridicule que l'on ressent pour l'ordinaire dans une compagnie où l'on s'entre-regarde dix minutes sans dire mot. Le moine, pendant cet intervalle, frottait sa tabatière de corne sur la manche de son froc... Dès qu'il lui eut donné un peu de lustre, il fit une profonde inclination, et me dit qu'il ne savait pas si c'était la faiblesse ou la bonté de nos cœurs qui nous avait engagés dans cette contestation... Quoi qu'il en soit, Monsieur, je vous prie de faire un échange de boîtes... Il me présenta la sienne d'une main, et de l'autre tenant la mienne, il la baisa, les yeux humides de larmes, la mit dans son sein et s'en alla sans rien dire.

Ah!... je conserve sa boîte... elle vient au secours de ma religion, pour aider mon esprit à s'élever au-dessus des choses terrestres... Je la porte toujours sur moi... elle me fait souvenir de la douceur et de la modération de celui qui la possédait, et je tâche de le prendre pour modèle dans tous les embarras de ce monde. Il en avait essuyé beaucoup. Son histoire qu'on m'a racontée depuis, était un tissu de peines et de désagrémens ; il les avait supportés jusqu'à l'âge de quarante-cinq ans : mais alors, accablé par le chagrin de voir que ses services militaires étaient mal récompensés, et éprouvant en même temps des revers dans la plus tendre des passions, il abandonna l'épée et le beau sexe à-la-fois, et se retira dans le sanctuaire, non pas tant de son couvent que de lui-même.

Je sens un poids sur mon cœur en ajoutant qu'à mon retour par Calais, m'étant informé du père Lorenzo, j'appris qu'il était mort depuis trois mois, et qu'il avait désiré d'être enterré dans un petit cimetière, à deux lieues de la ville, appartenant à son couvent. J'eus un violent désir d'aller visiter son tombeau.... Lorsque j'y fus, je tirai de ma poche sa petite boîte de corne, je m'assis près de sa tombe, et j'arrachai quelques orties qui n'avaient que faire de croître sur ce lieu sacré. Toute cette scène m'affecta à un tel point, que je versai un torrent de larmes.... Mais je suis aussi faible qu'une femme, et je prie le lecteur de ne pas sourire, mais plutôt de me plaindre.

LA PORTE DE LA REMISE.

PENDANT tout ce temps, je n'avais pas quitté la main de la dame.... il me parut qu'il était peu décent, après l'avoir tenue si long-temps, de la lâcher sans la presser contre mes lèvres, et je m'y hasardai....... Son teint pâle et inanimé semblait avoir repris pendant cette action son coloris le plus brillant.

Les deux voyageurs qui m'avaient parlé dans la cour, vinrent à passer dans ce moment critique, et s'imaginèrent que nous étions pour le moins mari et femme. Le voyageur curieux s'approcha, et nous demanda si nous partions pour Paris le lendemain matin...... Je lui dis que je ne pouvais répondre que pour moi-même. La dame ajouta qu'elle allait à Amiens... Nous y dînâmes hier, me dit l'un des voyageurs. Vous traverserez cette ville, me dit l'autre, en allant à Paris. J'allais lui faire mille remercîmens de m'avoir appris qu'Amiens était sur la route de Paris.... mais je tirai de ma poche la petite boîte de corne de mon pauvre moine, pour prendre une prise de tabac.... Je les saluai d'un air tranquille, et leur souhaitai une bonne traversée à Douvres.... Ils nous laissèrent seûls......

Mais, me disais-je à moi-même, quel mal y aurait-il que j'offrisse à cette dame affligée la moitié de ma chaise?...... Quel grand malheur pourrait-il s'ensuivre?

Quel malheur ? s'écrièrent en foule toutes les passions basses qui se réveillèrent en moi.... Ne voyez-vous pas, disait l'Avarice, que cela vous obligera de prendre un troisième cheval, et qu'il vous en coûtera vingt francs de plus? Vous ne savez pas ce qu'elle est, me disait la Précaution..... ni les embarras que cette affaire peut vous causer, disait la Lacheté à mon oreille.

Vous pouvez compter, Yorick, ajoutait la Discrétion, que l'on dira que c'est votre maîtresse, et que Calais a été le lieu de votre rendez-vous.

Comment pourrez-vous après cela, s'écria l'Hypocrisie, montrer votre visage en public?... ou vous élever, disait la Pusillanimité, dans l'église?.... ou y être autre chose qu'un petit chanoine, ajoutait l'Orgueil.

Mais.... répondais-je à tout cela, c'est une honnêteté.... Je n'agis guère que par ma première impulsion, et j'écoute surtout fort peu les raisonnemens qui contribuent à endurcir le cœur.... Je me retournai précipitamment vers la dame.

Elle n'était déjà plus là..... Elle était partie sans que je m'en aperçusse, pendant que cette cause se plaidait, et avait déjà fait douze ou quinze pas dans la rue. Je courus à elle pour lui faire ma proposition du mieux qu'il me serait possible... mais elle marchait la joue appuyée sur sa main, les yeux fixés en terre, et du pas lent et mesuré d'une personne qui pense..... Une idée me frappa qu'elle agitait la même affaire en elle-même. Que le ciel vienne à son secours, dis-je; elle a probablement quelque belle-mère entichée de pruderie; quelque tante hypocrite, quelque vieille femme ignorante à consulter en cette occasion, aussi bien que moi. Ainsi, ne me souciant pas d'interrompre la procédure, et croyant qu'il était plus honnête de la prendre à discrétion, plutôt que par surprise, je me retournai doucement et fis deux ou trois tours devant la porte de la remise, tandis que, de son côté, elle réfléchissait en se promenant.

DANS LA RUE.

La première fois que je l'avais vue, j'avais arrêté dans mon imagination qu'elle était charmante ; ensuite j'avais posé, comme un second axiome aussi incontestable que le premier, qu'elle était veuve et dans l'affliction...... je n'allai pas plus loin; cette situation me plaisait...... Elle serait restée avec moi jusqu'à minuit, que je m'en serais tenu à ce système, et ne l'aurais considérée que sous ce point de vue général.

Elle s'était à peine éloignée de moi de vingt pas, que quelque chose d'intérieur en moi me faisait désirer plus de particularités sur son compte...... L'idée d'une longue séparation vint me saisir et m'alarmer.... il pouvait se faire que je ne la revisse plus...... Le cœur s'attache à ce qu'il peut, et je voulais au moins des traces sur lesquelles mes souhaits pussent la rejoindre, si je ne la revoyais plus moi-même : en un mot, je voulais savoir son nom, celui de sa famille, son état......Je savais l'endroit où elle allait, je voulais savoir l'endroit d'où elle venait. Mais comment parvenir à toutes ces connaissances ? Cent petites délicatesses s'y opposaient. Je formai vingt plans différens : je ne pouvais pas lui faire des questions directes, la chose du moins me paraissait impossible.

Un petit officier français de fort bon air, qui venait en dansant au bruit d'une ariette qu'il fredonait, me fit voir que ce qui me semblait si difficile était la chose du monde la plus aisée. Il se trouva entre la dame et moi, au moment qu'elle revenait à la porte de la remise. Il m'aborda, et à peine m'avait-il parlé, qu'il me pria de lui faire l'honneur de le présenter à la dame.... Je n'avais pas été présenté moi-même.... Il se retourna aussitôt et se présenta sans moi. Vous venez de Paris, apparemment, lui dit-il, Madame ? Non ; mais je vais, dit-elle, prendre cette route. Vous n'êtes pas de Londres ? Elle répondit que non. Ah! madame vient de Flandres? apparemment que vous êtes Flamande? La dame répondit oui...... De Lille, peut-être?.... Non.... Ni d'Arras, ni de Cambrai, de Bruxelles?... La dame dit qu'elle était de Bruxelles.

J'ai eu l'honneur d'assister au bombardement de cette ville dans la dernière guerre.... Il faut l'avouer, cette place est admirablement bien située pour cela... Elle était remplie de noblesse, quand les impériaux en furent chassés par les Français.... La dame lui fit une légère inclination de tête...... Il lui raconta la part qu'il avait eue au succès de cette affaire.... la pria de lui faire l'honneur de lui dire son nom, et la salua....

Et madame, sans doute, a son mari, reprit-il, en regardant derrière lui après avoir fait deux pas? Et, sans attendre la réponse, il s'en alla en sautant dans la rue.

Je le considérai avec des yeux attentifs... Apparemment, me dis-je, que je n'ai pas assez médité les importantes leçons de la civilité qu'on a mises dans les mains de mon enfance; car je n'en pourrais pas faire autant.

LA REMISE.

M. Dessein était arrivé avec la clef de la remise à la main; il nous ouvrit les grands battans de son magasin de chaises.

Le premier objet qui me donna dans l'œil, fut une autre guenille de désobligeante, le vrai portrait de celle qui m'avait plu une heure auparavant, mais qui depuis avait excité en moi une sensation si désagréable.... Il me semblait qu'il n'y avait qu'un rustre, un homme insociable, qui eût pu imaginer une telle machine, et je pensais à-peu-près de même de celui qui voudrait s'en servir.

J'observai qu'elle causait autant de répugnance à la dame qu'à moi.... M. Dessein s'en aperçut, et il nous mena vers deux chaises qui devinrent tout de suite l'objet de ses éloges. Les lords A. et B., dit-il, les avaient achetées pour faire le grand tour ; mais elles n'ont pas été plus loin que Paris : ainsi, elles sont à tous égards aussi bonnes que neuves.... Je les trouve trop bonnes, M. Dessein ; et je passai à une autre qui était derrière, et qui parut me convenir.... J'entrai sur-le-champ en négociation du prix.... Cependant, dis-je, en ouvrant la portière et en montant dedans, il me semble qu'on aurait bien de la peine à y tenir deux.... Ayez la bonté, madame, dit M. Dessein, en lui offrant son bras, d'y monter aussi.... La dame hésita une demi-seconde.... et s'y plaça.... et M. Dessein, à qui un domestique faisait signe qu'il voulait lui parler, ferma la portière sur nous et nous laissa.

ENCORE LA REMISE.

Voilà *qui est plaisant*, dit la dame, en souriant ; c'est la seconde fois que, par des hasards fort indifférens, on nous laisse ensemble : *cela est comique.*

Il ne manque du moins pour le rendre tel, lui dis-je, que l'usage comique que la galanterie d'un Français voudrait faire de cette aventure..... Faire l'amour dans le premier moment.... offrir sa personne au second.

C'est là leur fort, répondit la dame.

On le suppose au moins.... et je ne sais trop comment cela est arrivé.... mais ils ont acquis la réputation de mieux connaître et faire l'amour que toute autre nation de la terre...... Pour moi, je les crois très-mal adroits.... et dans le vrai, la pire espèce d'archers qui jamais exerça la patience du dieu d'amour.

.... Croire qu'ils mettent du sentiment dans l'amour !

Je croirais plutôt qu'il est possible de faire un bel habit avec des morceaux de reste et de toute couleur.... Ils se déclarent tout d'un coup, à la première rencontre.... N'est-ce pas là soumettre l'offre de leur amour et de leur personne à l'examen sévère d'un esprit que le cœur n'a pas encore échauffé ?

La dame m'écoutait comme si elle s'attendait à quelque chose de plus....

Considérez donc, madame, lui dis-je, en posant ma main sur la sienne....

Que les personnes graves détestent l'amour à cause du nom.

Les intéressées le haïssent, parce qu'elles donnent la préférence à autre chose.

Les hypocrites paraissent l'avoir en horreur, en feignant de n'aspirer qu'aux choses célestes.

Le vrai de tout cela, c'est que nous sommes beaucoup plus effrayés que blessés par cette passion.... Quelque manque d'expérience que l'homme montre dans ces sortes d'affaires, il ne laisse échapper le mot d'amour qu'une heure ou deux au moins après le temps que son silence sur ce sujet est devenu un vrai tourment. Il me semble qu'une suite de petites et paisibles attentions qui n'iraient pas jusqu'à sonner l'alarme...... et qui ne seraient pourtant pas assez vagues pour qu'on pût s'y méprendre.... accompagnées de temps en temps d'un regard tendre, mais peu ou même point du tout de discours à ce sujet.... laisseraient votre maîtresse toute à la nature, qui saura bien amollir son cœur.

Eh bien, dit la dame en rougissant, je crois que vous n'avez pas cessé de me faire l'amour depuis que nous sommes ensemble.

TOUJOURS LA REMISE.

M. Dessein revint pour nous ouvrir la portière, et dit à la dame que M. le comte de L.... son frère, venait d'arriver....... Quoique je souhaitasse tout le bien possible à cette dame, j'avouerai que cet événement attrista mon cœur ; et je ne pus m'empêcher de le lui dire... car en vérité, madame, ajoutai-je, il est fatal à une proposition que j'allais vous faire........

Il est inutile, dit-elle, en m'interrompant et en mettant une de ses mains sur les deux miennes, de m'expliquer votre projet. Il est rare, mon bon monsieur, qu'un homme ait quelque proposition amicale à faire à une femme, sans qu'elle en ait le pressentiment quelques momens auparavant.

Oui..... la nature, dis-je, l'arme de ce pressentiment, pour la garantir du piége... Mais, dit-elle en me fixant, je n'avais rien à craindre ; et, à vous parler franchement, j'étais déterminée à accepter votre proposition. Si je l'eusse acceptée........elle s'arrêta un moment...... je crois, reprit-elle, que vous m'auriez disposée à vous raconter une histoire qui aurait rendu la compassion la chose la plus dangereuse qui aurait pu nous arriver dans le voyage.

En me disant cela, elle me tendit la main..... Je la baisai deux fois, et elle descendit de la chaise en me disant adieu avec un regard mêlé de sensibilité et de douceur.

DANS LA RUE.

Elle ne m'eut pas sitôt quitté, que je commençai à m'ennuyer. Il me semblait que les minutes étaient des heures, et je n'ai jamais fait un marché de douze guinées aussi promptement dans toute ma vie, que celui de ma chaise. Je donnai ordre qu'on m'amenât des chevaux de poste, et je dirigeai mes pas vers l'hôtellerie.

Ciel! dis-je en entendant quatre heures sonner, et en faisant réflexion qu'il n'y avait guère plus d'une heure que j'étais à Calais........

Quel gros volume d'aventures, en cet instant si court, ne pourrait pas produire un homme qui s'intéresse à tout, et ne laisse rien échapper de ce que le temps et le hasard lui présentent continuellement!

Je ne sais si cet ouvrage aura jamais quelque utilité : peut-être qu'un autre réussira mieux. Mais qu'importe ? c'est un essai que je fais sur la nature humaine........ il ne me coûte que mon travail; cela suffit, il me fait plaisir; il anime la circulation de mon sang, dissipe les humeurs sombres, éclaire mon jugement et ma raison.

Je plains l'homme qui, voyageant de Dan à Bersheba, peut s'écrier : Tout est stérile! Oui sans doute, le monde entier est stérile pour ceux qui ne veulent pas cultiver les fruits qu'il présente ; mais, me disais-je à moi-même en frottant gaîment mes mains l'une contre l'autre, je serais au milieu d'un désert, que je trouverais de quoi réveiller mes affections..... Un doux myrte, un triste cyprès, m'attireraient sous leur feuillage....... Je les bénirais de l'ombrage bienfaisant qu'ils m'offriraient......... Je graverais mon nom sur leur écorce, je leur dirais : Vous êtes les arbres les plus agréables de tout le désert....... Je gémirais avec eux en voyant leurs feuilles dessécher et tomber, et ma joie se mêlerait à la leur, quand le retour de la belle saison les couronnerait d'une riante verdure.

Le savant Smelfungus voyagea de Boulogne à Paris, de Paris à Rome, et ainsi de suite; mais le savant Smelfungus avait la jaunisse. Accablé d'une humeur sombre, tous les objets qui se présentèrent à ses yeux, lui parurent décolorés et défigurés....... Il nous a donné la relation de ses voyages : ce n'est qu'un triste détail de ses pitoyables sensations.

Je rencontrai Smelfungus sous le grand portique du Panthéon..... il en sortait..... *Ce n'est qu'un vaste cirque pour un combat de coqs*, dit-il...... Je voudrais, lui dis-je, que vous n'eussiez rien dit de pis de la Vénus de Médicis...... J'avais appris en passant à Florence, qu'il avait fort maltraité la déesse, parce qu'il la regardait comme la beauté la plus prostituée du pays.

Smelfungus revenait de ses voyages, et je le rencontrai encore à Turin..... Il n'eut que de tristes aventures sur la terre et sur l'onde à me raconter. Il n'avait vu que des gens qui s'entre-mangent, comme les antropophages....... Il avait été écorché vif, et plus maltraité que saint Barthélemi, dans toutes les auberges où il était entré.

Oh! je veux le publier dans tout l'univers, s'écria-t-il. Vous ferez mieux, lui dis-je, d'aller voir votre médecin.

Mundungus, homme dont les richesses étaient immenses, se dit un jour : allons, faisons *le grand tour*. Il va de Rome à Naples, de Naples à Venise, de Venise à Vienne, à Dresde, à Berlin.... et Mundungus, à son retour, n'avait pas retenu une seule anecdote agréable....; ou qui portait un caractère de générosité.... Il avait parcouru les grandes routes sans jeter les yeux ni d'un côté ni de l'autre, de crainte que l'amour ou la compassion ne le détournât de son chemin.

Que la paix soit avec eux, s'ils peuvent la trouver! Mais le ciel, s'il était possible d'y atteindre avec de pareils esprits, n'aurait point d'objets qui pussent fixer et amollir la dureté de leurs cœurs.... Les doux génies, sur les ailes de l'amour, viendraient se réjouir de leur arrivée : ils n'entendraient autre chose que des cantiques de joie, des extases de ravissement et de bonheur.... O! mes chers lecteurs, les âmes de Smelfungus et de Mundungus.... je les plains.... elles manquent de facultés pour les sentir.... Smelfungus et Mundungus seraient placés dans la demeure la plus heureuse du ciel.... les âmes de Smelfungus et de Mundungus s'y croiraient malheureuses, et gémiraient pendant toute l'éternité.

MONTREUIL.

Mon porte-manteau était tombé une fois de derrière la chaise ; j'avais été obligé de descendre deux fois par la pluie, et je m'étais mis une autre fois dans la boue jusqu'aux genoux, pour aider le postillon à l'attacher...... Je ne savais ce qui causait un dérangement si fréquent. J'arrive à Montreuil, et l'hôte me demande si je n'ai pas besoin d'un domestique.... A ce mot, je devine que c'est le défaut d'un domestique qui est cause que mon porte-manteau se dérange si souvent.

Un domestique ! dis-je : oui, j'en ai bien besoin; il m'en faut un. Monsieur, dit l'hôte, c'est qu'il y a ici près un jeune homme qui serait charmé d'avoir l'honneur de servir un Anglais. Et pourquoi plutôt un Anglais qu'un autre? Ils sont si généreux! répond l'hôte. Bon! dis-je en moi-même, je gage que ceci me coûtera vingt sous de plus ce soir.... C'est qu'ils ont de quoi faire les généreux, ajouta-t-il. Courage! me disais-je, autres vingt sous à noter. Pas plus tard qu'hier au soir, continua-t-il, un milord Anglais offrit un écu à la fille...... Tant pis pour mademoiselle Jeanneton, dis-je.

Mademoiselle Jeanneton était fille de l'hôte; et l'hôte s'imaginant que je n'entendais pas bien le français, se hasarda à m'en donner une leçon. Ce n'est pas *tant pis* que vous auriez dû dire, Monsieur, c'est *tant mieux*. C'est toujours tant mieux, quand il y a quelque chose à gagner; tant pis quand il n'y a rien.... Cela revient au même, lui dis-je. Pardonnez-moi, Monsieur, dit l'hôte, cela est bien différent.

Ces deux expressions; *tant pis et tant*

mieux, étant les deux grands pivots de presque toutes les conversations françaises, il est bon d'avertir qu'un étranger qui va à Paris, ferait bien de s'instruire, avant d'arriver, de toute l'étendue de leur usage.

Un jeune marquis, plein de vivacité, demanda à M. Hume, à la table de notre ambassadeur, s'il était M. Hume le poëte : Non, dit M. Hume tranquillement. Tant pis, répond le marquis.

C'est M. Hume l'historien, dit un autre. Ah! tant mieux, dit le marquis. Et M. Hume, dont le cœur, comme on sait, est excellent, remercia le marquis pour son tant pis et pour son tant mieux.

L'hôte, après sa leçon, appela La Fleur ; c'est ainsi que se nommait le jeune homme qu'il me proposait. Je ne puis rien dire de ses talens ; Monsieur en jugera mieux que moi ; mais pour sa probité, j'en réponds.

Je ne sais quel ton il donna à ce qu'il

disait; mais il me fit faire attention à ce que j'allais faire, et La Fleur qui attendait dehors avec cette impatience qu'ont tous les enfans de la nature en certaines occasions, fit son entrée.

Je suis disposé à penser favorablement de tout le monde au premier abord, et surtout d'un pauvre diable qui vient offrir ses services à un aussi pauvre diable que moi : mais ce penchant me donne quelquefois de la défiance, il m'autorise du moins à en avoir. J'en prends plus ou moins, selon l'humeur qui me domine, et le cas dont il s'agit.... Je puis ajouter aussi selon le sexe à qui je dois avoir affaire.

Dès que La Fleur entra dans la chambre, son air nouveau et naturel triompha de la défiance. Je me décidai sur-le-champ en sa faveur, et je l'arrêtai sans hésiter. J'ignore, à la vérité, ce qu'il sait faire; mais je découvrirai ses talens à mesure que j'en aurai besoin.... D'ailleurs, un Français est propre à tout.

Cependant la curiosité m'aiguillonna ; et quelle fut ma surprise! le pauvre La Fleur ne savait que battre du tambour, et jouer quelques marches sur le fifre. Je sentis que ma faiblesse n'avait jamais été insultée plus vivement que dans cette occasion par ma sagesse....

La Fleur avait commencé son entrée dans le monde, par satisfaire le noble désir qui enflamme presque tous ses compatriotes.... Il avait servi le roi pendant plusieurs années : mais, s'étant aperçu que l'honneur d'être tambour n'ouvrait pas les portes de la récompense, ni la carrière de la gloire, il s'était retiré sur ses terres, où il vivait comme il plaisait à Dieu, c'est-à-dire, aux dépens de l'air.

Ainsi, me dit la Sagesse, vous avez pris un tambour pour vous servir dans votre voyage en France et en Italie? Et pourquoi ne l'aurais-je pas pris? dis-je. La moitié de notre noblesse ne fait-elle pas le même voyage avec des *lendors* de compagnons qu'elle paie, et qui lui laissent à payer de plus le flûteur, le diable et tout son train?.... Lorsqu'on peut se débarrasser d'un mauvais marché par une équivoque.... je trouve qu'on n'est pas à plaindre.... Mais, La Fleur, vous savez sans doute faire quelque chose de plus ? Oh qu'oui !.... Il savait faire des guêtres et jouer un peu du violon. Bravo ! dit la Sagesse.... Moi, lui dis-je, je joue de la basse.... ainsi nous pourrons concerter.... Mais, La Fleur, vous savez raser et accommoder un peu une perruque ? J'ai les meilleures dispositions.... C'en est assez pour le ciel, lui dis-je en l'interrompant, et cela doit me suffire.... On servit le souper.... Je me mis à table. J'avais d'un côté de ma chaise un épagneul anglais, de l'autre un domestique français aussi gai qu'on peut l'être.... J'étais content de mon empire.... Et si les monarques savaient borner leurs désirs, ils seraient aussi heureux que je l'étais.

La Fleur ne m'a point quitté pendant

tous mes voyages, et il sera souvent question de lui. Il est bien juste que j'instruise mes lecteurs sur son compte ; et pourquoi même ne parviendrais-je pas à les intéresser en sa faveur ? Je n'ai jamais eu de raison de me repentir d'avoir suivi les impulsions qui m'avaient déterminé à le prendre : il a été le domestique le plus fidèle, le plus attaché, le plus ingénu qui jamais fût à la suite d'un philosophe. Ses talens de battre du tambour et de faire des guêtres, bons en eux-mêmes, ne m'étaient pas, à la vérité, d'une grande utilité ; mais j'en étais bien récompensé par la gaîté perpétuelle de son humeur.... Elle suppléait à tous les talens qu'il n'avait pas : elle aurait même, dans mon esprit, effacé ses défauts. Je trouvais toujours des ressources et des motifs d'encouragement dans son air et ses regards, et une espèce de fil qui me faisait sortir des difficultés que je rencontrais.... J'allais dire aussi des siennes ; mais La Fleur était hors de toute atteinte des événemens. La faim, la soif, le froid, le chaud, les veilles, la fatigue ne faisaient pas la moindre impression sur sa physionomie : il était éternellement le même. Je ne sais si je suis philosophe; Satan veut quelquefois me le persuader; mais si je le suis, je l'avoue, je me suis trouvé bien des fois humilié en réfléchissant aux obligations que j'ai au caractère philosophique de ce pauvre garçon. Combien de fois son exemple ne m'a-t-il pas excité à m'appliquer à une philosophie plus sublime!.... Avec tout cela, La Fleur était un peu fat; mais c'était plutôt un mouvement de la nature, que l'effet de l'art. Il n'eut pas demeuré trois jours à Paris, que cette fatuité disparut.

J'installai le lendemain matin La Fleur dans sa charge. Je fis devant lui l'inventaire de mes six chemises et de ma culotte de soie noire, et je lui donnai la clef de mon porte-manteau. Je lui dis de le bien attacher derrière la chaise, de faire atteler les chevaux, et d'avertir l'hôte de m'apporter son compte.

Ce garçon est heureux, dit l'hôte en adressant la parole à cinq ou six filles qui entouraient La Fleur, et lui souhaitaient affectueusement un bon voyage. La Fleur baisait les mains des filles; ses yeux se mouillèrent, il les essuya trois fois, et trois fois il promit d'apporter des pardons de Rome à toute la bande.

Toute la ville l'aime, me dit l'hôte. On le trouvera de manque à tous les coins de Montreuil; il n'a qu'un seul défaut, c'est d'être toujours amoureux.... Bon! dis-je en moi-même, cela m'évitera la peine de mettre chaque nuit ma culotte sous mon oreiller; et je faisais moins, en disant cela, l'éloge de La Fleur, que le mien. J'ai toute ma vie été amoureux d'une princesse ou de quelque autre, et je compte bien l'être jusqu'à ma mort. Je suis très-persuadé que si j'étais destiné à faire une action basse, je ne la ferais que dans l'intervalle d'une passion à l'autre. J'ai éprouvé quelquefois de ces interrègnes, et je me suis toujours aperçu que mon cœur était fermé pendant ce temps: il était si endurci, qu'il fallait que je fisse un effort sur moi pour soulager un misérable, en lui donnant seulement six sous. Je me hâtais alors de sortir de cet état d'indifférence. Le moment où je me trouvais ranimé par la tendre passion, était le moment où je redevenais généreux et compatissant. J'aurais tout fait pour rendre service, pourvu qu'il n'y eût pas de crime....

Mais que fais-je en disant tout ceci? ce n'est pas mon éloge, c'est celui de la passion.

FRAGMENT.

De toute les villes de la Thrace, celle d'Abdère était la plus adonnée à la débauche : elle était plongée dans un débordement de mœurs effroyable. C'était en vain que Démocrite, qui y faisait son séjour, employait tous les efforts de l'ironie et de la risée pour l'en tirer ; il n'y pouvait réussir. Le poison, les conspirations, le meurtre, le viol, les libelles diffamatoires, les pasquinades, les séditions y régnaient : on n'osait sortir le jour ; c'était encore pis la nuit.

Ces horreurs étaient portées au dernier point, lorsqu'on représenta à Abdère l'Andromède d'Euripide ; tous les spectateurs en furent charmés ; mais, de tous les endroits dont ils furent enchantés, rien ne frappa plus leur imagination que les tendres accens de la nature qu'Euripide avait mis dans le discours pathétique de Persée :

O Amour ! roi des dieux et des hommes ! etc.

Tout le monde, le lendemain, parlait en vers iambiques ; ce discours de Persée faifait le sujet de toutes les conversations.... On ne faisait que répéter dans chaque maison, dans chaque rue :

O Amour ! roi des dieux et des hommes !

Tout retentissait du nom de l'Amour ; chaque bouche le prononçait comme les notes d'une douce mélodie dont le souvenir charme encore l'oreille, et qu'on ne peut s'empêcher de répéter. On n'entendait de tous côtés, qu'Amour ! Amour, roi des dieux et des hommes !... Le même feu saisit tout le monde ; et toute la ville, comme si ses habitans n'avaient eu qu'un même cœur, se livra à l'amour.

Les apothicaires d'Abdère cessèrent de vendre de l'ellébore ; les faiseurs d'armes ne vendirent plus d'instrumens de mort ; l'amitié, la vertu régnèrent partout ; les ennemis les plus irréconciliables s'entredonnèrent publiquement le baiser de paix.... Le siècle d'or revint, et répandit ses bienfaits sur Abdère. Les Abdéritains jouaient des airs tendres sur le chalumeau; le beau sexe quittait les robes de pourpre, et s'asseyait modestement sur le gazon pour écouter ces doux concerts.

Il n'y avait, dit le fragment, que la puissance d'un dieu dont l'empire s'étend du ciel à la terre, et jusque dans le fond des eaux, qui pût opérer ce prodige.

Quant tout est prêt et qu'on a discuté chaque article de la dépense, il y a encore, à moins que le mauvais traitement n'ait remué votre bile en aigrissant votre humeur, une autre affaire à ajuster à la porte avant de monter en chaise. C'est avec les fils et les filles de la pauvreté que vous avez affaire : ils vous entourent.... Et que personne ne les rebute.... Ce que souffrent ces malheureux est déjà trop cruel, pour y ajouter de la dureté : il vaut mieux avoir quelque monnaie à leur distribuer, et c'est un conseil que je donne à tous les voyageurs. Ils n'auront pas besoin d'écrire les motifs de leur générosité : ils seront enregistrés ailleurs.

Personne ne donne moins que moi, parce qu'il y a peu de mes connaissances qui aient moins à donner : mais c'était le premier acte de cette nature que je faisais en France ; je le fis avec plus d'attention.

Hélas ! disais-je, en les montrant au bout de mes doigts, je n'ai que huit sous, et il y a huit pauvres femmes et autant d'hommes pour les recevoir.

Un de ces hommes, sans chemise, et dont l'habit tombait en lambeaux, se trouvait au milieu des femmes. Il s'en retira aussitôt en faisant la révérence. Lorsque le parterre crie tout d'une voix : place aux dames ! il ne montre pas plus de déférence pour le beau sexe que ce pauvre homme.

Juste ciel ! m'écriai-je en moi-même, par quelles sages raisons as-tu ordonné que la mendicité et la politesse seraient réunies dans ce pays, quand elles sont si opposées dans les autres régions ?

Je lui offris un de mes huit sous, uniquement parce qu'il avait été honnête.

Un pauvre petit homme plein de vivacité, et qui était vis-à-vis de moi, après avoir mis sous son bras un fragment de chapeau, tira sa tabatière de sa poche, et offrit généreusement une prise de tabac à toute l'assemblée.... C'était un don considérable pour lui, et chacun le refusa en faisant une inclination.... Il les sollicita avec un air de franchise : prenez, prenez-en, en regardant d'un autre côté; à la fin chacun en prit. Ce serait dommage, me dis-je, que sa boîte se vidât. J'y mis deux sous, et j'y pris moi-même une prise de tabac, pour lui rendre le don plus agréable. Il sentit le poids de la seconde obligation plus que celui de la première.... C'était lui faire honneur; l'autre, au contraire, était humiliante : il me salua jusqu'à terre.

Tenez, dis-je à un vieux soldat qui n'avait qu'une main, et semblait avoir vieilli dans le service, voilà deux sous pour vous.... Vive le roi! s'écria le vieux soldat.

Il ne me restait plus que trois sous; j'en donnai un pour l'amour de Dieu : c'est à ce titre qu'on me le demandait. La pauvre femme avait la cuisse disloquée : on ne peut pas soupçonner que ce fût pour un autre motif.

Mon cher et très-charitable monsieur !.. On ne peut refuser celui-ci, me disais-je.

Milord anglais !.... le seul son de ce mot valait l'argent, et je le payai du dernier de mes sous.... Mais, dans l'empressement où j'avais été de les distribuer, j'avais oublié un pauvre honteux qui n'avait personne pour faire la quête, et qui peut-être aurait péri avant d'oser demander lui-même. Il était près de la chaise, mais hors du cercle; il essuyait une larme qui découlait le long de son visage, et il avait l'air d'avoir vu de plus beaux jours... Bon

Dieu! me disais-je, et je n'ai pas un sou pour lui donner! Vous en avez mille, s'écrièrent à la fois toutes les puissances de la nature qui étaient en mouvement chez moi. Je m'approchai de lui, et je lui donnai.... il n'importe quoi.... Je rougirais à présent de dire combien.... j'étais honteux alors de penser combien peu.... Si le lecteur devine ma disposition, il peut juger entre ces deux points donnés à vingt ou quarante sous près, quelle fut la somme précise.

Je ne pouvais rien donner aux autres... Que Dieu vous bénisse! leur dis-je. Et le bon Dieu vous bénisse vous-même, s'écrièrent le vieux soldat, le petit homme, etc., etc. Le pauvre honteux ne pouvait rien dire.... Il tira un petit mouchoir de sa poche, et essuya ses yeux en se détournant. Je crus qu'il me remerciait plus que tous les autres.

LE BIDET.

Ces petites affaires ne furent pas sitôt ajustées, que je montai dans ma chaise, très-content de tout ce que j'avais fait à Montreuil.... La Fleur, avec ses grosses bottes, sauta sur un bidet.... Il s'y tenait aussi droit et aussi heureux qu'un prince.

Mais qu'est-ce que le bonheur et les grandeurs dans cette scène factice de la vie ? Nous n'avions pas encore fait une lieue, qu'un âne mort arrêta tout court La Fleur dans sa course. Le bidet ne voulut pas passer. La contestation entre La Fleur et lui s'échauffa, et le pauvre garçon fut désarçonné et jeté par terre.

Il souffrit sa chute avec toute la patience du Français qui aurait été le meilleur chrétien, et ne dit pas autre chose que : *diable!* Il remonta à cheval sur-le-champ : et battit le bidet comme il aurait pu battre son tambour.

Le bidet volait d'un côté du chemin à l'autre, tantôt par-ci, tantôt par-là ; mais il ne voulait pas approcher de l'âne mort. La Fleur, pour le corriger, insistait.... et le bidet entêté le jeta encore par terre.

Qu'a ton bidet, La Fleur, lui dis-je ? Monsieur, c'est le cheval le plus opiniâtre du monde. Hé bien, s'il est obstiné, repris-je, il faut le laisser aller à sa fantaisie. La Fleur, qui était remonté, descendit ; et, dans l'idée qu'il ferait aller le bidet en avant, il lui donna un grand coup de fouet ; mais le bidet me prit au mot, et s'en retourna en galopant à Montreuil. *Peste !* dit La Fleur.

Il n'est pas hors de propos de remarquer ici que, quoique La Fleur, dans ces accidens, ne se fût servi que de ces deux termes d'exclamation, il y en a cependant trois dans la langue française. Ils répondent à ce que les grammairiens appellent le positif, le comparatif et le superlatif ; et l'on se sert des uns et des autres dans tous les accidens imprévus de la vie.

Diable! est le premier dégré, c'est le degré positif; il est d'usage dans les émotions ordinaires de l'esprit, et lorsque de petites choses contraires à notre attente arrivent. Qu'on joue, par exemple, au passe-dix, et que l'on ne rapporte deux fois de suite que double as, ou, comme La Fleur, que l'on soit jeté par terre; ces petites circonstance et tant d'autres s'expriment par: *diable!* et c'est pour cette raison que, lorsqu'il est question de cocuage, on se sert de cette expression....

Mais dans une aventure où il entre quelque chose de dépitant, comme lorsque le bidet s'enfuit en laissant La Fleur étendu par terre avec ses grosses bottes, alors vient le second. On se sert de: *peste!*

Pour le troisième....

Oh! c'est ici que mon cœur se gonfle de compassion, quand je songe à ce qu'un peuple aussi poli doit avoir souffert pour qu'il soit forcé à s'en servir.

Puissance qui délies nos langues et les rends éloquentes, dans la douleur, accorde-moi des termes décens pour exprimer ce superlatif, et quelque soit mon sort, je céderai à la nature!....

Mais il n'y a point de ces termes décens dans la langue française. Je formai la résolution de prendre les accidens qui m'arriveraient avec patience et sans faire d'exclamation.

La Fleur n'avait pas fait cette convention avec lui-même. Il suivit le bidet des yeux tant qu'il le put voir.... Et l'on peut s'imaginer, si l'on veut, dès qu'il ne le vit plus, de quelle expression il fit usage pour finir la scène.

Il n'y avait guère de moyens, avec des bottes fortes aux jambes, de rattraper un cheval effarouché. Je ne voyais qu'une alternative, c'était de faire monter La Fleut derrière la chaise, ou de l'y faire entrer.

Il vint s'asseoir à côté de moi, et,

dans une demi-heure, nous arrivâmes à la poste de Nampont.

NAMPONT.

L'ANE MORT.

Voici, dit-il, en tirant de son bissac le reste d'une croûte de pain, voici ce que tu aurais partagé avec moi, si tu avais vécu..... Je croyais que cet homme apostrophait son enfant; mais c'était à son âne qu'il adressait la parole, et c'était le même âne que nous avions vu en chemin, et qui avait été si fatal à La Fleur... Il paraissait le regretter si vivement, qu'il me fit souvenir des plaintes que Sancho-Pança avait faites dans une occasion semblable.... Mais cet homme se plaignait avec des accens plus conformes à la nature.

Il était assis sur un banc de pierre à la porte. Le paneau et la bride de l'âne étaient à côté de lui : il les levait de temps en temps, et les laissait ensuite retomber.... puis les regardait et secouait la tête.... Il reprit ensuite sa croûte de pain, comme s'il allait la manger.... Mais, après l'avoir tenue quelque temps à la main, il l'a posa sur le mors de la bride, en regardant avec des yeux de désir l'arrangement qu'il venait de faire, et il soupira.

La simplicité de sa douleur assembla une foule de monde autour de lui ; et La Fleur s'y mêla pendant qu'on attelait les chevaux. J'étais resté dans la chaise, je voyais et j'entendais par-dessus la tête des autres.

Il disait qu'il venait d'Espagne, où il était allé du fond de la Franconie, et qu'il s'en retournait chez lui : il était arrivé jusqu'à cet endroit, lorsque son âne mourut. Chacun était curieux de savoir ce qui avait pu engager ce pauvre vieillard à entreprendre un si long voyage.

Hélas! dit-il, le ciel m'avait donné trois

fils, c'étaient les plus beaux garçons de toute l'Allemagne. La petite vérole m'enleva les deux aînés dans la même semaine : le plus jeune était frappé de la même maladie ; je craignis aussi de le perdre, et je fis vœu, s'il en revenait, d'aller à Saint-Jacques de Compostelle.

Là, il s'arrêta pour payer un tribut à la nature.... et pleura amèrement.

Il continua..... Le ciel, dit-il, me fit la faveur d'accepter la condition, et je partis de mon hameau avec le pauvre animal que j'ai perdu.... Il a participé à toutes les fatigues de mon voyage ; il a mangé le même pain que moi pendant toute la route... enfin, il a été mon compagnon et mon ami.

Chacun prenait part à la douleur de ce pauvre homme. La Fleur lui offrit de l'argent. Il dit qu'il n'en avait pas besoin. Hélas ! ce n'est pas la valeur de l'âne que je regrette, c'est sa perte... j'étais assuré qu'il m'aimait.... Il leur raconta l'histoire d'un malheur qui leur était arrivé en passant les Pyrénées...... Ils s'étaient perdus, et avaient été séparés trois jours l'un de l'autre : pendant ce temps, l'âne l'avait cherché autant qu'il avait cherché l'âne; à peine purent-ils manger l'un et l'autre jusqu'à ce qu'ils se fussent retrouvés.

Tu as au moins une consolation, lui dis-je; dans la perte de ton pauvre animal, c'est que je suis persuadé que tu lui as été un tendre maître. Hélas! dit-il, je le croyais ainsi pendant qu'il vivait : mais à présent qu'il est mort, je crains que la fatigue de me porter ne l'ait accablé, et que je ne sois responsable d'avoir abrégé sa vie.

Quelle honte pour l'humanité! me dis-je en moi-même; si nous ne nous aimions les uns les autres qu'autant que ce pauvre homme aimait son âne... ce serait quelque chose.

LE POSTILLON.

CETTE histoire m'affecta. Le postillon n'y prit pas garde, et il m'entraîna sur le pavé au grand galop.

Le voyageur qui brûle de soif dans les déserts sablonneux de l'Arabie, n'aspire pas plus vivement au bonheur de trouver une source, que mon âme aspirait après des mouvemens tranquilles. J'aurais souhaité que le postillon eût parti moins vite; mais au moment que le bon pélerin achevait son histoire, il donna de si grands coups de fouet à ses chevaux, qu'ils partirent comme si mille diables étaient à leurs trousses.

Pour l'amour de Dieu, lui criais-je, allez plus doucement : mais plus je criais, plus il excitait ses chevaux. Que le diable t'emporte donc ! lui dis-je. Vous verrez qu'il continuera d'aller vite jusqu'à ce qu'il me mette en colère..... ensuite il ira doucement, afin de me faire goûter les douceurs de cet état.

Il n'y manqua pas. Il arriva à une hauteur, et fut obligé d'aller pas à pas... Je m'étais fâché contre lui..... Je m'étais fâché ensuite contre moi-même pour m'être mis en colère.

Un bon galop dans ce moment m'aurait fait du bien....

Allons un peu plus vite, je t'en prie, mon bon garçon, lui dis-je...

Mais le postillon me montra la montagne... Je voulais alors me rappeler l'histoire du pauvre Allemand et de son âne ; mais j'en avais perdu le fil, et il me fut aussi impossible de le retrouver, qu'au postillon d'aller le trot.

Hé bien, que tout aille à l'aventure ; je me sens disposé à faire de mon mieux, et tout va de travers.

La nature dans ses trésors a toujours des lénitifs pour adoucir nos maux. Je m'endormis, et ne me réveillai qu'au mot d'Amiens qui frappa mon oreille.

Oh! oh! dis-je en me frottant les yeux... c'est ici que ma belle dame doit venir.

AMIENS.

J'eus à peine prononcé ces mots, que le comte de L.... et sa sœur passèrent rapidement dans leur chaise de poste. Elle n'eut que le temps de me faire un salut de connaissance, mais avec un air qui semblait désigner qu'elle avait quelque chose à me dire. Je n'avais effectivement pas encore achevé de souper, que le domestique de son frère m'apporta un billet de sa part. Elle me priait, le premier matin que je n'aurais rien à faire à Paris, de remettre la lettre qu'elle m'envoyait à madame de R.... Elle ajoutait qu'elle aurait bien voulu me raconter son histoire, et qu'elle était bien fâchée de n'avoir pu le faire..... mais que si jamais je passais par Bruxelles, et que je n'eusse pas oublié le nom de madame de L..... elle aurait cette satisfaction.

Ah! j'irai te voir, charmante femme! disais-je en moi-même; rien ne me sera plus facile. Je n'aurai, en revenant d'Italie, qu'à traverser l'Allemagne, la Hollande, et retourner chez moi par la Flandre ; à peine y aura-t-il dix postes de plus ; mais y en eût-il dix mille.......? Quels délices, pour prix de tous mes voyages, de participer aux incidens d'une triste histoire que la beauté qui en est le sujet raconte elle-même!.... de la voir pleurer! C'en serait un plus grand encore de tarir la source de ses larmes; mais si je ne parviens à la dessécher, n'est-ce pas toujours une sensation exquise d'essuyer les joues mouillées d'une belle femme, assis à ses côtés pendant la nuit et dans le silence?

Il n'y avait certainement pas de mal

dans cette pensée. J'en fis cependant un reproche amer et dur à mon cœur.

J'avais toujours joui du bonheur d'aimer quelque belle. Ma dernière flamme, éteinte dans un accès de jalousie, s'était rallumée depuis trois mois aux beaux yeux d'Eliza, et je lui avais juré qu'elle durerait pendant tous mes voyages... Et pourquoi dissimuler la chose ? Je lui avais juré une fidélité éternelle : elle avait des droits sur tout mon cœur. Partager mes affections, c'était diminuer ces mêmes droits..... Les exposer, c'était les risquer..... Et là où il y a du risque, il peut y avoir de la perte. Et alors, Yorick, qu'auras-tu à répondre aux plaintes d'un cœur si rempli de confiance, si bon, si doux, si irréprochable ?.....

Non, non, dis-je en m'interrompant, je n'irai point à Bruxelles..... Mon imagination vint au secours de mon Eliza. Je me rappelai ses regards au dernier moment de notre séparation, lorsque ni l'un ni l'autre n'eûmes la force de prononcer le mot, adieu! Je jetai les yeux sur son portrait qu'elle m'avait attaché au cou avec un ruban noir. Je rougis en le fixant... J'aurais voulu le baiser..... une honte secrète m'arrêtait. Cette tendre fleur, dis-je, en le pressant entre mes mains, doit-elle être flétrie jusque dans la racine; et flétrie, Yorick, par toi qui a promis que ton sein serait son abri?

Source éternelle de félicité! m'écriai-je en tombant à genoux, sois témoin, ainsi que tous les esprits célestes, que je n'irai point à Bruxelles, à moins qu'Éliza ne m'y accompagne : dût ce chemin me conduire au suprême bonheur!

Le cœur, dans des transports de cette nature, dira toujours beaucoup trop en dépit du jugement.

LA LETTRE.

La fortune n'avait pas favorisé La Fleur : il n'avait pas été heureux dans ses faits de chevalerie, et, depuis vingt-quatre heures à peu près qu'il était à mon service, rien ne s'était offert pour qu'il pût signaler son zèle. Ce pauvre garçon brûlait d'impatience. Le domestique du comte de L... qui m'avait apporté la lettre, lui parut une occasion propice ; il la saisit. Dans l'idée qu'il me ferait honneur par ses intentions, il le prit dans un cabinet de l'auberge, et le régala du meilleur vin de Picardie. Le domestique du Comte, pour n'être pas en reste de politesse, l'engagea à venir avec lui à l'hôtel. L'humeur gaie et douce de La Fleur mit bientôt tous les gens de la maison à leur aise vis-à-vis de lui: Il n'était pas chiche, en vrai Français, de montrer les talens qu'il possédait ; et moins de cinq ou six minutes, il prit son fifre; la femme de chambre, le maître d'hôtel, le cuisinier, la laveuse de vaisselle, les laquais, les chiens, les chats, tous, jusqu'à un vieux singe, se mirent aussitôt à danser. Jamais cuisine n'avait été si gaie depuis le déluge.

Madame de L..., en passant de l'appartement de son frère dans le sien, surprise des ris et du bruit qu'elle entendait, sonna sa femme de chambre pour en savoir la cause; et, dès qu'elle sut que c'était le domestique du gentilhomme anglais qui avait répandu la gaieté dans la maison en jouant du fifre, elle lui fit dire de monter.

La Fleur, en montant l'escalier, s'était chargé de mille complimens de la part de son maître pour madame, ajoutant bien des choses au sujet de la santé de madame; que son maître serait au désespoir si madame se trouvait incommodée par les fatigues du voyage; et enfin, que monsieur avait reçu la lettre que madame lui avait fait l'honneur de lui écrire... Et sans doute il m'a fait l'honneur, dit madame en interrompant La Fleur, de me répondre par un billet.

Elle lui parut dire cela d'un ton qui annonçait tellement qu'elle était sûre du fait, que La Fleur n'osa la détromper.... Il trembla que je n'eusse fait une impolitesse; peut-être eut-il peur aussi qu'on ne le regardât comme un sot de s'attacher à un maître qui manquait d'égards pour les dames; et, lorsqu'elle lui demanda s'il avait une lettre pour elle, oh! qu'oui, dit-il, madame. Il mit aussitôt son chapeau par terre, et, saisissant le bas de sa poche droite avec la main gauche, il commença à chercher la lettre avec son autre main... Il fit la même recherche dans sa poche gauche : Diable ! disait-il. Ensuite il chercha dans les poches de sa veste, et même de son gousset : Peste ! Enfin il les vida toutes sur le plancher, où il étala un col sale, un mouchoir, un peigne,

une mèche de fouet, un bonnet de nuit...
Il regarda entre les bords de son chapeau, et peu s'en fallut qu'il ne plaçât la troisième exclamation: Quelle étourderie, dit-il! J'aurai laissé la lettre sur la table de l'auberge. Je vais courir la chercher, et je serai de retour dans trois minutes.

Je venais de me lever de table, quand La Fleur entra pour me conter son aventure. Il me fit naïvement le récit de toute l'histoire, et ajouta que si monsieur avait par hasard oublié de répondre à la lettre de madame, il pouvait réparer cette faute par tout ce qu'il venait de faire... sinon, que les choses resteraient comme elles étaient d'abord.

Je n'étais pas sûr que l'étiquette m'obligeât de répondre ou non. Mais un démon même n'aurait pas pu se fâcher contre La Fleur. C'était son zèle pour moi qui l'avait fait agir. S'y était-il mal pris? me jetait-il dans un embarras?.... Son cœur n'avait pas fait de faute.... Je ne crois pas que je fusse obligé d'écrire.... La Fleur avait cependant l'air d'être si satisfait de lui-même, que......

Cela est fort bien, lui dis-je, cela suffit.... Il sortit de la chambre avec la vitesse d'un éclair, et m'apporta presque aussitôt une plume, de l'encre et du papier... Il approcha la table d'un air si gai, si content, que je ne pus me défendre de prendre la plume.

Mais qu'écrire! Je commençai et recommençai. Je gâtai inutilement cinq ou six feuilles de papier......

Bref, je n'étais pas d'humeur à écrire..

La Fleur, qui s'imaginait que l'encre était trop épaisse, m'apporta de l'eau pour la délayer. Il mit ensuite devant moi de la poudre et de la cire d'Espagne. Tout cela ne faisait rien. J'écrivais, j'effaçais, je déchirais, je brûlais, et je me remettais à écrire avec aussi peu de succès. Peste de l'étourdi! disais-je à voix

basse... Je ne peux pas écrire cette lettre...
Je jetai de désespoir la plume à terre.

La Fleur, qui vit mon embarras, s'avança d'une manière respectueuse, et, en me faisant mille excuses de la liberté qu'il allait prendre, il me dit qu'il avait dans sa poche une lettre écrite par un tambour de son régiment à la femme d'un caporal, laquelle, osait-il dire, pourrait convenir dans cette occasion.

Je ne demandais pas mieux que de le contenter. Voyons-la, lui dis-je.

Il tira de sa poche un petit porte-feuille sale, rempli de lettres et de billets doux. Il dénoua la corde qui le liait, en tira les lettres, les mit sur la table, les feuilleta les unes après les autres, et, après les avoir repassées à deux reprises différentes, il s'écria : Enfin, Monsieur, la voici. Il la déploya, la mit devant moi, et se retira à trois pas de la table, pendant que je la lisais.

LA LETTRE.

Madame,

Je suis pénétré de la douleur la plus vive, et réduit en même temps au désespoir, par ce retour imprévu du caporal qui rend notre entrevue de ce soir la chose du monde la plus impossible.

Mais vive la joie! et toute la mienne sera de penser à vous.

L'amour n'est *rien* sans sentiment.

Et le sentiment est encore *moins* sans amour.

On dit qu'on ne doit jamais se désespérer.

On dit aussi que monsieur le caporal monte la garde mercredi : alors ce sera mon tour.

Chacun à son tour.

En attendant, vive l'amour ! et vive la bagatelle !

Je suis,

MADAME,

Avec tous les sentimens les plus respectueux et les plus tendres, tout à vous.

JACQUES ROCQUE.

Il n'y avait qu'à changer le caporal en comte..... ne point parler de monter la garde le mercredi. La lettre, au surplus, n'était ni bien, ni mal. Ainsi, pour contenter le pauvre La Fleur, qui tremblait pour ma réputation, pour la sienne, et pour celle de sa lettre, j'habillai ce chef-d'œuvre à ma guise. Je cachetai ce que j'avais écrit. La Fleur le porta à madame de L...., et nous partîmes le lendemain matin pour Paris.

PARIS.

L'AGRÉABLE ville, quand on a un bel équipage, une demi-douzaine de laquais et une couple de cuisiniers! avec quelle liberté, quelle aisance on vit!

Mais un pauvre prince, sans cavalerie, et qui n'a pour tout bien qu'un fantassin, fait bien mieux d'abandonner le champ de bataille, et de se confiner dans le cabinet, s'il peut s'y amuser.

J'avoue que mes premières sensations, dès que je fus seul dans ma chambre, furent bien éloignées d'être aussi flatteuses que je me l'étais figuré.... Je m'approchai de la fenêtre, et je vis à travers les vitres une foule de gens de toutes couleurs, qui couraient après le plaisir : les vieillards, avec des lances rompues et des casques qui n'avaient plus leurs masques;

les jeunes, chargés d'une armure brillante d'or, ornés de tous les riches plumages de l'Orient, et joutant tous en faveur du plaisir, comme les preux chevaliers faisaient autrefois, dans les tournois, pour l'amour et la gloire.

Hélas! mon pauvre Yorick, m'écriai-je, que fais-tu ici? A peine es-tu arrivé, que ce fracas brillant te jette dans le rang des atomes. Ah! cherche quelque rue détournée, quelque profond cul-de-sac, où l'on n'ait jamais vu de flambeau darder ses rayons, ni entendu de carrosse rouler.... C'est là où tu peux passer ton temps. Peut-être y trouveras-tu quelque tendre grisette qui te le fera paraître moins long. Voilà les espèces de cotteries que tu pourras fréquenter.

Je périrai plutôt, m'écriai-je en tirant de mon porte-feuille la lettre que madame de L... m'avait chargé de remettre. J'irai voir madame de R... et c'est la première chose que je ferai... La Fleur? — Mon-

sieur. — Faites venir un perruquier.....
Vous donnerez ensuite un coup de vergette a mon habit.

LA PERRUQUE.

Le perruquier entre. Il jette un coup d'œil sur ma perruque, et refuse net d'y toucher. C'était une chose au-dessus ou au-dessous de son art. Mais, comment donc faire? lui dis-je...... — Monsieur, il faut en prendre une de ma façon...... j'en ai de toutes prêtes.

— Mais je crains, mon ami, lui dis-je en examinant celle qu'il me montrait, que cette boucle ne se soutienne pas....... — Vous pourriez, dit-il, la tremper dans la mer, elle tiendrait.

Tout est mesuré sur une grande échelle dans cette ville, me disais-je. La plus grande étendue des idées d'un perruquier anglais n'aurait jamais été plus loin qu'à lui faire dire : trempez-la dans un seau d'eau. Quelle différence ! C'est comme le temps à l'éternité.

Je l'avouerai, je déteste toutes les conceptions froides et flegmatiques, ainsi que toutes les idées minces et bornées dont elles naissent ; je suis ordinairement si frappé des grands ouvrages de la nature, que si je le pouvais, je n'aurais jamais d'objets de comparaison que ce ne fût pour le moins une montagne. Tout ce qu'on peut objecter contre le sublime français, dans cet exemple, c'est que la grandeur consiste plus dans le mot que dans la chose. La mer remplit, sans doute, l'esprit d'une idée vaste ; mais Paris est si avant dans les terres, qu'il n'y avait pas d'apparence que je prisse la poste pour aller à cent milles de là faire l'expérience dont me parlait le perruquier. Ainsi, le perruquier ne me disait rien.

Un seau d'eau fait, sans contredit, une triste figure à côté de la mer ; mais il a l'avantage d'être sous la main, et l'on peut y tremper la boucle en un instant...

Disons vrai. L'expression française exprime plus qu'on ne peut effectuer. C'est du moins ce que je pense, après y avoir bien réfléchi.

Je sais, si je ne me trompe, mais il me semble que ces minuties sont des marques beaucoup plus sûres et beaucoup plus distinctives des caractères nationaux, que les affaires les plus importantes de l'État, où il n'y a ordinairement que les grands qui agissent. Ils se ressemblent et parlent à peu près de même dans toutes les nations, et je ne donnerais pas douze sous de plus pour avoir le choix entre tous.

Le perruquier resta si long-temps à accommoder ma perruque, que je trouvai qu'il était trop tard pour aller porter ma lettre chez madame de R..... Cependant, quand un homme est une fois habillé pour sortir, il ne peut guère se livrer à des réflexions sérieuses. Je pris par écrit le nom de l'hôtel de Modène où j'étais logé, et je sortis sans savoir où j'irais..... J'y songerai, dis-je, en marchant.

LE POULS.

Les petites douceurs de la vie en rendent le chemin plus uni et plus agréable. Les grâces, la beauté disposent à l'amour; elles ouvrent la porte de son temple, et on y entre insensiblement.

Je vous prie, madame, d'avoir la bonté de me dire par où il faut prendre pour aller à l'*Opéra-Comique*. Très-volontiers, monsieur, dit-elle en quittant son ouvrage.

J'avais jeté les yeux dans cinq ou six boutiques pour chercher une figure qui ne se renfrognerait pas en lui faisant cette question. Celle-ci me plut, et j'entrai.

Elle était assise sur une chaise basse dans le fond de la boutique, en face de la porte, et brodait des manchettes.

Très-volontiers, dit-elle en posant son ouvrage sur une chaise à côté d'elle, et elle se leva d'un air si gai, si gracieux, que si j'avais dépensé cinquante louis dans sa boutique, j'aurais dit: cette femme est reconnaissante.

Il faut tourner, monsieur, dit-elle en venant avec moi à la porte, et en me montrant la rue qu'il fallait prendre: il faut d'abord tourner à votre gauche..... Mais prenez garde.... il y a deux rues; c'est la seconde.... Vous la suivrez un peu, et vous verrez une église; quand vous l'aurez passée, vous prendrez à droite, et cette rue vous conduira au bas du Pont-Neuf, qu'il faudra passer.... Vous ne trouverez personne qui ne se fasse un vrai plaisir de vous montrer le reste du chemin.

Elle me répéta ses instructions trois fois, avec autant de patience et de bonté la troisième que la première; et si des tons et des manières ont une signification

(et ils en ont une sans doute, à moins que ce ne soit pour des cœurs insensibles), elle semblait s'intéresser à ce que je ne me perdisse pas.

Cette femme, qui n'était guère au-dessus de l'ordre des grisettes, était charmante ; mais je ne supposerai pas que ce fût sa beauté qui me rendit si sensible à sa politesse. La seule chose dont je me souvienne bien, c'est que je la fixai beaucoup en lui disant combien je lui étais obligé, et je réitérai mes remercîmens autant de fois qu'elle avait pris la peine de m'instruire.

Je n'étais pas à dix pas de sa porte, que j'avais oublié tout ce qu'elle m'avait dit... Je regardai derrière moi, et je la vis qui était encore sur le pas de sa porte pour observer si je prendrais le bon chemin. Je retournai vers elle pour lui demander s'il fallait d'abord aller à droite ou à gauche... J'ai tout oublié lui dis-je. Est-il possible ? dit-elle en souriant. Cela est très-possible, et cela arrive toujours quand on fait moins d'attention aux avis que l'on reçoit, qu'à la personne qui les donne.

Ce que je disais était vrai, et elle le prit comme toutes les femmes prennent les choses qui leur sont dues. Elle me fit une légère révérence.

Attendez, me dit-elle en mettant sa main sur mon bras pour me retenir, je vais envoyer un garçon dans ce quartier-là porter un paquet; si vous voulez avoir la complaisance d'entrer, il sera prêt dans un moment, et il vous accompagnera jusqu'à l'endroit même. Elle cria à son garçon, qui était dans l'arrière-boutique, de se dépêcher, et j'entrai avec elle. Je levai de dessus la chaise où elle les avait mises, les manchettes qu'elle brodait, dans l'intention de m'y asseoir; elle s'assit elle-même sur une chaise basse, et je me mis aussitôt à côté d'elle.

Il sera prêt dans un moment, monsieur, dit-elle..... Et, pendant ce moment, je voudrais, moi, vous dire combien je suis sensible à toutes vos politesses. Il n'y a personne qui ne puisse, par hasard, faire une action qui annonce un bon naturel; mais quand les actions de ce genre se multiplient, c'est l'effet du caractère et du tempérament. Si le sang qui passe dans le cœur est le même que celui qui coule vers les extrémités, je suis sûr, ajoutai-je en lui soulevant le poignet, qu'il n'y a point de femme dans le monde qui ait un meilleur pouls que le vôtre.... Tâtez-le, dit-elle en tendant le bras. Je me débarrassai aussitôt de mon chapeau; je saisis ses doigts d'une main, et j'appliquai sur l'artère les deux premiers doigts de mon autre main.

Que n'as-tu passé en ce moment, mon cher Eugène ! Tu m'aurais vu en habit noir, et dans une attitude grave, aussi attentivement occupé à compter les battemens de son pouls, que si j'eusse guetté le retour du flux et du reflux de la fièvre. Tu aurais ri, et peut-être moralisé sur ma nouvelle profession.... Hé bien! je t'aurais laissé rire et sermonner à ton aise... Crois-moi, mon cher Eugène, t'aurais-je dit, il y a de pires occupations dans le monde que celle de tâter le pouls d'une femme.... Oui.... mais d'une grisette! répliquerais-tu.... et dans une boutique tout ouverte! Ah, Yorick!

Et tant mieux. Quand mes vues sont honnêtes, je me mets peu en peine que le monde me voie dans cette occupation.

LE MARI.

J'avais compté vingt battemens de pouls, et je voulais aller jusqu'à quarante, quand son mari parut à l'improviste et dérangea mon calcul. C'est mon mari, dit-elle, et cela ne fait rien. Je recommençai donc à compter. Monsieur est assez complaisant, ajouta-t-elle lorsqu'il passa près de nous, pour prendre la peine de me tâter le pouls. Le mari ôta son chapeau, me salua, et me dit que je lui faisais trop d'honneur. Il remit aussitôt son chapeau, et s'en alla.

Bon Dieu ! m'écriai-je en moi-même, est-il possible que ce soit là son mari !

Une foule de gens savent, sans doute, ce qui pouvait m'autoriser à faire cette exclamation ; qu'ils ne se fâchent pas si je vais l'expliquer à ceux qui l'ignorent.

A Londres, un marchand ne semble faire avec sa femme qu'un même tout : quelquefois l'un, quelquefois l'autre brille par diverses perfections de l'esprit et du corps ; mais ils unissent tout cela, vont de pair, et tâchent de cadrer l'un avec l'autre, autant que mari et femme doivent le faire.

A Paris, il y a à peine deux ordres d'êtres plus différens : car la puissance législative et exécutive de la boutique n'appartenant point au mari, il y paraît rarement.... il se tient dans l'arrière-boutique ou dans quelque chambre obscure, tout seul dans son bonnet de nuit : enfant brut de la nature, il reste tel que la nature l'a formé.

Le génie d'un peuple, dans un pays où il n'y a rien de salique que la monarchie, ayant cédé ce département, ainsi que plusieurs autres, entièrement aux femmes, celles-ci, par un babillage et un commerce continuel avec tous ceux qui vont et viennent, sont comme ces cailloux de toutes sortes de formes, qui, frottés les uns contre les autres, perdent leur rudesse, et prennent quelquefois le poli d'un diamant...... L'époux ne vaut pas beaucoup mieux que la pierre que vous foulez aux pieds.

Très-certainement, il n'est pas bon que l'homme soit seul.... Il est fait pour la société et les douces communications. J'en appelle, pour preuve de ce que j'avance, au perfectionnement que notre nature en reçoit.

Comment trouvez-vous, monsieur, le battement de mon pouls ? dit-elle. Il est aussi doux, lui dis-je en la fixant tranquillement, que je me l'étais imaginé. Elle allait me répondre quelque chose d'honnête ; mais le garçon entra avec le paquet de gants. A propos, dis-je, j'en voudrais avoir une ou deux paires.

LES GANTS.

La belle marchande se lève, passe derrière son comptoir, aveint un paquet, et le délie. J'avance vis-à-vis d'elle : les gants étaient tous trop grands ; elle les mesura l'un après l'autre sur ma main ; cela ne les rapetissait pas. Elle me pria d'en essayer une paire qui ne lui paraissait pas si grands que les autres... Elle en ouvrit un, et ma main y glissa tout d'un coup... Cela ne me convient pas, dis-je en remuant un peu la tête. Non, dit-elle, en faisant le même mouvement.

Il y a de certains regards combinés

d'une subtilité unique, où le caprice, et le bon sens, et la gravité, et la sottise sont tellement confondus, que tous les langages variés de la tour de Babel ne pourraient les exprimer... Ils se communiquent et se saisissent avec une telle promptitude, qu'on sait à peine quel est le contagieux.... Pour moi, je laisse à messieurs les dissertateurs le soin de grossir de ce sujet leurs agréables volumes.... Il me suffit de répéter que les gants ne convenaient pas.... Nous pliâmes tous deux nos mains dans nos bras, en nous appuyant sur le comptoir. Il était si étroit, qu'il n'y avait de place entre nous que pour le paquet de gants.

La jeune marchande regardait quelquefois les gants, puis du côté de la fenêtre, puis les gants... et jetait de temps en temps les yeux sur moi. Je n'étais pas disposé à rompre le silence.... Je suivais en tout son exemple. Mes yeux se portaient tour-à-tour sur elle, et sur la fenêtre, et sur les gants.

Mais je perdais beaucoup dans toutes ces attaques d'imitation. Elle avait des yeux noirs, vifs, qui dardaient leurs rayons à travers deux longues paupières de soie, et ils étaient si perçans, qu'ils pénétraient jusqu'au fond de mon cœur... Cela peut paraître étrange ; mais telle était l'impression qu'elle faisait sur moi.

N'importe, dis-je, je vais m'accommoder de ces ceux paires de gants ; et je les mis en poche.

Elle ne me les surfit pas d'un sou, et je fus sensible à ce procédé. J'aurais voulu qu'elle eût demandé quelque chose de plus, et j'étais embarrassé comment le lui faire comprendre.... Croyez-vous, Monsieur, me dit-elle, en se méprenant sur mon embarras, que je voudrais demander seulement un sou de trop à un étranger, et surtout à un étranger dont la politesse, plus que le besoin de gants, l'engage à prendre ce qui ne lui convient pas, et à se fier à moi ? Est-ce que vous m'en auriez crue capable?... Moi! non, je vous assure; mais vous l'eussiez fait, que je vous l'aurais pardonné de bon cœur.... Je payai; et, en la saluant un peu plus profondément que cela n'est d'usage à l'égard d'une femme de marchand, je la quittai; et le garçon, avec son paquet, me suivit.

LA TRADUCTION.

On me mit dans une loge où il n'y avait qu'un vieil officier. J'aime les militaires, non-seulement parce que j'honore l'homme dont les mœurs sont adoucies par une profession qui développe souvent les mauvaises qualités de ceux qui sont méchans, mais parce que j'en ai connu un autrefois.... car il n'est plus : pourquoi ne le nommerais-je pas? C'était le capitaine Tobie Shandy, le plus cher de tous mes amis. Je ne puis penser à la douceur et à l'humanité de ce brave homme;

quoiqu'il y ait bien long-temps qu'il soit mort, sans que mes yeux se remplissent de larmes; et j'aime, à cause de lui, tout le corps des vétérans. J'enjambai sur-le-champ les deux bancs qui étaient devant moi, et me plaçai à côté de l'officier.

Il lisait attentivement, ses lunettes sur le nez, une petite brochure qui était probablement une des pièces qu'on allait jouer. Je fus à peine assis, qu'il ôta ses lunettes, les enferma dans un étui de chagrin, et mit le livre et l'étui dans sa poche. Je me levai à demi pour le saluer.

Qu'on traduise ceci dans tous les langages du monde : en voici le sens.

« Voilà un pauvre étranger qui entre
« dans la loge.... il a l'air de ne connaître
« personne, et il demeurerait sept ans à
« Paris, qu'il ne connaîtrait qui que ce
« soit, si tous ceux dont il approcherait
« gardaient leurs lunettes sur le nez....
« C'est lui fermer la porte de la conver-
« sation ; ce serait le traiter pire qu'un
« Allemand ».

Le vieil officier aurait pu dire tout cela à haute voix, et je ne l'aurais pas mieux entendu.... Je lui aurais, à mon tour, traduit en français le salut que je lui avais fait; je lui aurais dit : « que j'étais très-« sensible à son intention, et que je lui en « rendais mille grâces. »

Il n'y a point de secret qui aide plus au progrès de la sociabilité, que de se rendre habile dans cette manière abrégée de se faire entendre, et d'être prompt à expliquer en termes clairs les divers mouvemens des yeux et du corps dans toutes leurs inflexions. Quant à moi, par une longue habitude, j'exerce cet art si machinalement, que, lorsque je marche dans les rues de Londres, je traduis tout du long du chemin; et je me suis souvent trouvé dans des cercles où l'on n'avait pas dit quatre mots, et dont j'aurais pu rapporter vingt conversations différentes, ou les écrire, sans risquer de dire quelque chose qui n'aurait pas été vrai.

Un soir que j'allais au concert de Martini à Milan, comme je me présentais à la porte de la salle pour entrer, la marquise de F.... en sortait avec une espèce de précipitation : elle était presque sur moi que je ne l'avais pas vue, de sorte que je fis un saut de côté pour la laisser passer; elle fit de même et du même côté, et nos têtes se touchèrent... Elle alla aussitôt de l'autre côté : un mouvement involontaire m'y porta, et je m'opposai encore innocemment à son passage.... Cela se répéta encore malgré nous, jusqu'au point que cela en devint ridicule.... A la fin, je fis ce que j'aurais dû faire dès le commencement, je me tins tranquille, et la marquise passa sans difficulté. Je sentis aussitôt ma faute, et il n'était pas possible que j'entrasse avant de la réparer. Pour cela, je suivis la marquise des yeux jusqu'au bout du passage : elle tourna deux fois les siens vers moi, et semblait marcher le long du mur, comme si elle voulait faire place à quelque autre qui viendrait à passer.... Non, non, dis-je, c'est là une mauvaise traduction : elle a droit d'exiger que je lui fasse des excuses, et l'espace qu'elle laisse n'est que pour m'en donner la facilité. Je cours donc à elle, et lui demande pardon de l'embarras que je lui avais causé, en lui disant que mon intention était de lui faire place.... Elle répondit qu'elle avait eu le même dessein à mon égard.... et nous nous remerciâmes réciproquement. Elle était au haut de l'escalier, et, ne voyant point d'écuyer près d'elle, je lui offris la main pour la conduire à sa voiture.... Nous descendîmes l'escalier, en nous arrêtant presque à chaque marche pour parler du concert et de notre aventure. Elle était dans son carrosse. En vérité, madame, lui dis-je, j'ai fait six efforts différens pour vous laisser passer.... Et moi, j'en ai fait autant pour vous laisse entrer.... Je souhaiterais bien, ajoutai-je aussitôt, que vous en fissiez un septième.... Très-volontiers, dit-elle en me faisant place.... La vie est trop courte pour s'occuper de tant de formalités.... Je montai dans la voiture, et je l'accompagnai chez elle.... Et que devint le concert ? Ceux qui y étaient le savent mieux que moi.

Je veux seulement ajouter que la liaison agréable qui résulta de cette traduction, me fit plus de plaisir qu'aucune de celles que j'ai eu l'honneur de faire en Italie.

LE NAIN.

Je n'ai jamais ouï dire que quelqu'un, si ce n'est une seule personne que je nommerai probablement dans ce chapitre, eût fait une remarque que je fis au moment même que je jetai les yeux sur le parterre, et qui me frappa d'autant plus vivement, que je ne me souvenais même pas trop qu'on l'eût faite; c'est le jeu inconcevable de la nature, en formant un si grand nombre de nains. Elle se joue sans doute de tous les pauvres humains dans tous les coins de l'univers; mais à Paris, il semble qu'elle ne mette point de bornes à ses amusemens. Cette bonne déesse paraît aussi gaie qu'elle est sage.

J'étais à l'Opéra-Comique; mais toutes mes idées n'y étaient pas renfermées, et elles se promenaient dehors comme si j'y avais été moi-même.... Je mesurais, j'examinais tous ceux que je rencontrais dans les rues : c'était une tâche mélancolique, surtout quand la taille était petite.... le visage très-brun, les yeux vifs, le nez long, les dents blanches, la mâchoire en avant... Je souffrais de voir tant de malheureux que la force des accidens avait chassés de la classe où ils devaient être, pour les contraindre à faire nombre dans une autre.... Les uns, à cinquante pas, paraissaient à peine être des enfans par leur taille; les autres étaient noués, rachitiques, bossus, ou avaient les jambes tortues. Ceux-ci étaient arrêtés dans leur croissance, dès l'âge de six ou sept ans, par les mains de la nature; ceux-là ressemblaient à des pommiers nains qui, dès leur première existence, font voir qu'ils ne parviendront jamais à la hauteur commune des autres arbres de la même espèce.

Un médecin voyageur dirait peut-être que cela ne provient que des bandages mal faits et mal appliqués.... Un médecin sombre dirait que c'est faute d'air; et un voyageur curieux, pour appuyer ce système, se mettrait à mesurer la hauteur des maisons, le peu de largeur des rues, et combien de pieds carrés occupent au sixième ou septième étage les gens du peuple, qui mangent et couchent ensemble. M. Shandy, qui avait sur bien des choses des idées fort extraordinaires, soutenait, en causant un soir sur cette matière, que les enfans, comme d'autres animaux, pouvaient devenir fort grands lorsqu'ils étaient venus au monde sans accident; mais, ajoutait-il, le malheur des habitans de Paris est d'être si étroitement logés, qu'ils n'ont réellement pas assez de place pour les faire... Aussi, que font-ils? des riens; car n'est-ce pas ainsi qu'on doit appeler une chose qui, après vingt ou vingt-cinq ans de tendres soins et de bonne nourriture, n'est pas devenue plus haute que ma jambe?.... Or, monsieur Shandy étant d'une très-petite stature, on ne pouvait rien dire de plus.

Ce n'est pas ici un ouvrage de raisonnement, et je m'en tiens à la fidélité de la remarque qui peut se vérifier dans toutes les rues et dans tous les carrefours de Paris. Je descendais un jour la rue qui conduit du Carrousel au Palais-Royal, j'aperçus un petit garçon qui avait de la peine à passer le ruisseau, et je lui tendis la main pour l'aider. Quelle fut ma surprise en jetant les yeux sur lui! Le petit garçon avait au moins quarante ans.... Mais il n'importe, dis-je..... quelque autre bonne âme en fera autant pour moi quand j'en aurai quatre-vingt-dix.

Je sens en moi je ne sais quels principes d'égards et de compassion pour cette portion défectueuse et diminutive de mon espèce, qui n'a ni la force ni la taille pour se pousser et pour figurer dans le monde... Je n'aime point qu'on les humilie... et je ne fus pas sitôt assis à côté de mon vieil officier, que j'eus le chagrin de voir qu'on se moquait d'un bossu au bas de la loge où nous étions.

Il y a, entre l'orchestre et la première loge de côté, un espace où beaucoup de spectateurs se réfugient quand il n'y a plus de place ailleurs. On y est debout quoiqu'on paye aussi cher que dans l'orchestre. Un pauvre hère de cette espèce s'était glissé dans ce lieu incommode : il était entouré de personnes qui avaient au moins deux pieds et demi de plus que lui.... et le nain bossu souffrait prodigieusement ; mais ce qui le gênait le plus, était un homme de plus de six pieds de haut, épais à proportion, Allemand par-dessus tout cela, qui était précisément devant lui, et lui dérobait absolument la vue du théâtre et des acteurs. Mon nain faisait ce qu'il pouvait pour jeter un coup-d'œil sur ce qui se passait : il cherchait à profiter des ouvertures qui se faisaient quelquefois entre les bras de l'Allemand et son corps ; il guettait d'un côté, était à l'affût de l'autre : mais ses soins étaient inutiles ; l'Allemand se tenait massivement dans une attitude carrée : il aurait été aussi-bien dans le fond d'un puits. Il étendit en haut très-civilement sa main jusqu'au bras du géant, et lui conta sa peine.... L'Allemand tourne la tête, jette en bas les yeux sur lui, comme Goliath sur David... et inexorablement se remet dans sa situation.

Je prenais en ce moment une prise de tabac dans la tabatière de corne du bon moine. Ah! mon bon père Laurent! comme ton esprit doux et poli, et qui est si bien modelé pour supporter et pour souffrir avec patience.... comme il aurait prêté une oreille complaisante aux plaintes de ce pauvre nain !....

Le vieil officier me vit lever les yeux

avec émotion en faisant cette apostrophe, et me demanda ce qu'il y avait. Je lui contai l'histoire en trois mots, en ajoutant que cela était inhumain.

Le nain était poussé à bout, et, dans les premiers transports, qui sont communément déraisonnables, il dit à l'Allemand qu'il couperait sa longue queue avec ses ciseaux. L'Allemand le regarda froidement, et lui dit qu'il en était le maître, s'il pouvait y atteindre.

Oh! quand l'injure est aiguisée par l'insulte, tout homme qui a du sentiment prend le parti de celui qui est offensé, quel qu'il soit... J'aurais volontiers sauté en bas pour aller au secours de l'opprimé.... Le vieil officier le soulagea avec beaucoup moins de fracas... Il fit signe à la sentinelle, et lui montra le lieu où se se passait la scène. La sentinelle y pénétra... Il n'y avait pas besoin d'explication, la chose était visible... Le soldat fit reculer l'Allemand, et plaça le nain devant l'épais géant.... Cela est bien fait ! mécriai-je, en frappant des mains.... Vous ne souffririez pas une chose semblable en Angleterre, dit le vieil officier.

En Angleterre, monsieur, lui dis-je, nous sommes tous assis à notre aise....

Il voulut apparemment me donner quelque satisfaction de moi-même, et me dit : voilà un bon mot... Je le regardai, et, je vis bien qu'un bon mot a toujours de la valeur à Paris. Il m'offrit une prise de tabac.

LA ROSE.

Mon tour vint de demander au vieil officier ce qu'il y avait... J'entendais de tous côtés crier du parterre : *Haut les mains, monsieur l'abbé!* et cela m'était tout aussi incompréhensible qu'il avait peu compris ce que j'avais dit en parlant du moine.

Il me dit que c'était apparemment

quelque abbé qui se trouvait placé dans une loge derrière quelques grisettes, et que le parterre l'ayant vu, il voulait qu'il tînt ses deux mains en l'air pendant la représentation.... Ah! comment soupçonner, dis-je, qu'un ecclésiastique puisse être un filou? L'officier sourit, et, en me parlant à l'oreille, il me donna connaissance d'une chose dont je n'avais pas encore eu la moindre idée.

Bon Dieu, dis-je en pâlissant d'étonnement, est-il possible qu'un peuple si rempli de sentiment, ait en même temps des idées si étranges, et qu'il se démente jusqu'à ce point? Quelle grossièreté! ajoutai-je.

L'officier me dit : c'est une raillerie piquante qui a commencé au théâtre contre les ecclésiastiques, du temps que Molière donna son Tartufe.... Mais cela se passe peu à peu avec le reste de nos mœurs gothiques.... Chaque nation, continua-t-il, a ses délicatesses et ses grossièretés qui re-

.gnent pendant quelque temps, et se perdent par la suite.... J'ai été dans plusieurs pays, et je n'en ai pas vu un seul où je n'aie trouvé des raffinemens qui manquaient dans d'autres. Le POUR et le CONTRE se trouvent dans chaque nation.... Il y a une balance de bien et de mal partout; il ne s'agit que de la bien observer. C'est le vrai préservatif des préjugés que le vulgaire d'une nation prend contre une autre.... Un voyageur a l'avantage de voir beaucoup et de pouvoir faire le parallèle des hommes et de leurs mœurs; et par-là il apprend le *savoir vivre*. Une tolérance réciproque nous engage à nous entr'aimer.... Il me fit, en disant cela, une inclination, et me quitta.

Il me tint ce discours avec tant de candeur et de bon sens, qu'il justifia les impressions favorables que j'avais eues de son caractère.... Je croyais aimer l'homme; mais je craignais de me méprendre sur l'objet... Il venait de tracer ma façon de penser. Je n'aurais pas pu l'exprimer aussi bien : c'était la seule différence.

Rien n'est plus incommode pour un cavalier, que d'avoir un cheval entre ses jambes, qui dresse les oreilles et fait des écarts à chaque objet qu'il aperçoit : cela m'inquiète fort peu.... mais j'avoue franchement que j'ai rougi plus d'une fois pendant le premier mois que j'ai passé à Paris, d'entendre prononcer certains mots auxquels je n'étais pas accoutumé. Je croyais qu'ils étaient indécens, et ils me soulevaient.... Mais je trouvai, le second mois, qu'ils étaient sans conséquence, et ne blessaient point la pudeur.

Madame de Rambouillet, après six semaines de connaissance, me fit l'honneur de me mener avec elle à deux lieues de Paris dans sa voiture.... On ne peut être plus polie, plus vertueuse et plus modeste qu'elle dans ses expressions.... En revenant, elle me pria de tirer le cordon.... Avez-vous besoin de quelque chose ? lui dis-je.... Rien que de pisser, dit-elle.

Ami voyageur, ne troublez point madame de Rambouillet; et vous, belles nymphes qui faites les mystérieuses, allez cueillir des roses, effeuillez-les sur le sentier où vous vous arrêterez.... Madame de Rambouillet n'en fit pas davantage.... Je lui avais aidé à descendre de carrosse, et j'eusse été le prêtre de la chaste Castalie, que je ne me serais pas tenu dans une attitude plus décente et plus respectueuse près de sa fontaine.

LA FEMME DE CHAMBRE.

Ce que le vieil officier venait de me dire sur les voyages, me fit souvenir des avis que Polonius donnait à son fils sur le même sujet : ces avis me rappelèrent Hamlet, et Hamlet retraça à ma mémoire les autres ouvrages de Shakespeare. J'entrai, à mon retour, dans la boutique d'un libraire sur le quai de Conti, pour acheter les œuvres de ce poëte.

Le libraire me dit qu'il n'en avait point

de complètes. Comment ! lui dis-je, en voilà un exemplaire sur votre comptoir. Cela est vrai ; mais il n'est pas à moi..... Il est à monsieur le comte de B.... qui me l'a envoyé de Versailles pour le faire relier, et auquel je le renverrai demain matin.

Et que fait monsieur le comte de B.... de ce livre ? lui dis-je. Est-ce qu'il lit Shakespeare ? Oh ! dit le libraire, c'est un esprit fort..... Il aime les livres anglais ; et ce qui lui fait encore plus d'honneur, monsieur, c'est qu'il aime aussi les Anglais. En vérité, lui dis-je, vous parlez si poliment, que vous forceriez presque un Anglais, par reconnaissance, à dépenser quelques louis dans votre boutique. Le libraire fit une inclination, et allait probablement dire quelque chose, lorsqu'une jeune fille d'environ vingt ans, fort décemment mise, et qui avait l'air d'être au service de quelque dévote à la mode, entra dans la boutique, et demanda *les Égaremens du cœur et de l'esprit.* Le libraire les lui donna aussitôt. Elle tira de sa poche une petite bourse de satin vert, nouée d'un ruban de même couleur.... Elle la délia, et mit dedans le pouce et le doigt avec délicatesse, mais sans affectation, pour prendre de l'argent, et paya. Rien ne me retenait dans la boutique, et j'en sortis avec elle.

Ma belle enfant, lui dis-je, quel besoin avez vous des égaremens du cœur? A peine savez-vous encore que vous en ayez un, jusqu'à ce que l'amour vous l'ait dit, ou qu'un berger infidèle lui ait causé du mal. Dieu m'en garde! répondit-elle. Oui, vous avez raison; votre cœur est bon, et ce serait dommage qu'on vous le dérobât.... C'est pour vous un trésor précieux.... Il vous donne un meilleur air que si vous étiez parée de perles et de diamans.

La jeune fille m'écoutait avec une attention docile, et elle tenait sa bourse par le ruban. Elle est bien légère, lui dis-je en la saisissant.... et aussitôt elle l'avança vers moi.... Il y a bien peu de chose dedans, continuai-je. Mais soyez toujours aussi sage que vous êtes belle, et le ciel la remplira.... J'avais encore dans la main quelques écus qui avaient été destinés à l'achat de Shakespeare ; elle m'avait tout-à-fait laissé aller sa bourse, et j'y mis un écu. Je nouai le ruban, et je la lui rendis.

Elle me fit, sans parler, une humble inclination.... C'était une de ces inclinations tranquilles et reconnaissantes, où le cœur a plus de part que le geste. Le cœur sent le bienfait, et le geste exprime la reconnaissance. Je n'ai jamais donné un écu à une fille avec plus de plaisir.

Mon avis ne vous aurait servi à rien, ma chère, sans ce petit présent ; quand vous verrez l'écu, vous vous souviendrez de l'avis.

N'allez pas le dépenser en rubans....

Je vous assure, monsieur, que je le conserverai.... et elle me donna la main... Oui, monsieur, je le mettrai à part.

... Une convention vertueuse qui se fait entre homme et femme, semble sanctifier leur plus secrètes démarches. Il était déjà tard et il faisait obscur : malgré cela, comme nous allions du même côté, nous n'eûmes point de scrupule d'aller ensemble le long du quai de Conti.

Elle me fit une seconde inclination lorsque nous nous mîmes en marche; et nous n'étions pas encore à vingt pas de la porte du libraire, que, croyant n'avoir pas assez fait, elle s'arrêta un petit moment pour me remercier encore.

C'est un petit tribut, lui dis-je, que je n'ai pu m'empêcher de payer à la vertu, et je ne voudrais pas m'être trompé sur le compte de la personne à qui je rends cet hommage..... Mais l'innocence, ma chère, est peinte sur votre visage..... Malheur à celui qui essaierait de lui tendre des piéges !

Elle parut un peu affectée de ce que je lui disais.... Elle fit un profond soupir..... Je ne me crus pas autorisé d'en rechercher la cause, et nous gardâmes le silence jusqu'au coin de la rue de Nevers, où nous devions nous séparer.

Est-ce ici le chemin, lui dis-je, ma chère, de l'hôtel de Modène ? — Oui ; mais on peut y aller aussi par la rue Guénégaud qui est un peu plus loin.... — Hé bien ! j'irai donc par la rue Guénégaud, pour deux raisons : d'abord, parce que cela me fera plaisir, et ensuite, pour vous accompagner plus long-temps. — En vérité, dit-elle, je souhaiterais que l'hôtel fût dans la rue des Saints-Pères..... — C'est peut-être là que vous demeurez ? lui dis-je. — Oui, monsieur ; je suis femme-de-chambre de madame de R.... — Bon Dieu ! m'écriai-je, c'est la dame pour laquelle on m'a chargé d'une lettre à

Amiens. Elle me dit que madame de R..., attendait en effet un étranger qui devait lui remettre une lettre, et qu'elle était fort impatiente de le voir.... Hé bien, ma chère enfant, dites-lui que vous l'avez rencontré. Assurez-la de mes respects, et que j'aurai l'honneur de la voir demain matin.

C'était au coin de la rue de Nevers que nous disions tout cela.... Nous nous étions arrêtés, parce que la jeune fille voulait mettre les deux volumes qu'elle venait d'acheter dans ses poches : je tenais le second, tandis qu'elle y fourrait le premier, et elle tint sa poche ouverte afin que j'y misse l'autre.

Qu'il est doux de sentir la finesse des liens qui attachent nos affections !

Nous nous remîmes encore en marche.... et nous n'avions pas fait trois pas, qu'elle me prit le bras.... J'allais l'en prier, mais elle le fit d'elle-même, avec cette simplicité irréfléchie qui montre qu'elle ne pensait pas du tout qu'elle ne m'avait jamais vu.... Pour moi, je crus sentir si vivement en ce moment les influences de ce qu'on appelle la force du sang, que je ne pus m'empêcher de la fixer pour voir si je ne trouverais pas en elle quelque ressemblance de famille.... Hé ! ne sommes-nous pas, dis-je, tous parens ?

Arrivés au coin de la rue Guénégaud, je m'arrêtai pour lui dire décidément adieu. Elle me remercia encore, et pour ma politesse, et pour lui avoir tenu compagnie. Nous avions quelque peine à nous séparer... Cela ne se fit qu'en nous disant adieu deux fois. Notre séparation était si cordiale, que je l'aurais scellée, je crois, en tout autre lieu, d'un baiser de charité aussi saint, aussi chaud, que celui d'un apôtre.

Mais à Paris, il n'y a guère que les hommes qui s'embrassent... Je fis ce qui revient à peu près au même...

Je priai Dieu de la bénir....

LE PASSE-PORT.

De retour à l'hôtel, La Fleur me dit qu'on était venu de la part de M. le lieutenant de police pour s'informer de moi... Diable! dis-je, j'en sais la raison, et il est temps d'en informer le lecteur. J'ai omis cette partie de l'histoire dans l'ordre qu'elle est arrivée.... Je ne l'avais pas oubliée... mais j'avais pensé, en écrivant, qu'elle serait mieux placée ici.

J'étais parti de Londres avec une telle précipitation, que je n'avais pas songé que nous étions en guerre avec la France. J'étais arrivé à Douvres; déjà je voyais, par le secours de ma lunette d'approche, les hauteurs qui sont au-delà de Boulogne, que l'idée de la guerre ne m'était pas plus venue à l'esprit, que celle qu'on ne pouvait pas aller en France sans passe-port... Aller seulement au bout d'une rue, et m'en retourner sans avoir rien fait, est pour moi une chose pénible. Le voyage que je commençais était le plus grand effort que j'eusse jamais fait pour acquérir des connaissances, et je ne pouvais supporter l'idée de retourner à Londres sans remplir mon projet... On me dit que le comte de.... avait loué le paquebot.... Il était logé dans mon auberge; j'étais légèrement connu de lui, et j'allai le prier de me prendre à sa suite... Il ne fit point de difficulté; mais il me prévint que son inclination à m'obliger ne pourrait s'étendre que jusqu'à Calais, parce qu'il était obligé d'aller de là à Bruxelles. Mais arrivé à Calais, me dit-il, vous pourrez sans crainte aller à Paris. Lorsque vous y serez, vous chercherez des amis pour pourvoir à votre sûreté. M. le comte, lui dis-je, je me tirerai alors d'embarras.... Je m'embarquai donc, et je ne songeai plus à l'affaire.

Mais quand La Fleur me dit que M. le lieutenant de police avait envoyé, je sentis dans l'instant de quoi il était question.... L'hôte monta presque en même-temps pour me dire la même chose, en ajoutant qu'on avait singulièrement demandé mon passe-port. J'espère, dit-il, que vous en avez un?.... Moi! non, en vérité, lui dis-je, je n'en ai pas.

Vous n'en avez pas! et il se retira à trois pas, comme s'il eût craint que je ne lui communiquasse la peste. La Fleur, au contraire, avança trois pas avec cette espèce de mouvement que fait une bonne âme pour venir au secours d'une autre... Le bon garçon gagna tout-à-fait mon cœur. Ce seul trait me fit connaître son caractère aussi parfaitement que s'il m'avait déjà servi avec zèle pendant sept ans; et je vis que je pouvais me fier entièrement à sa probité et à son attachement...

Milord! s'écria l'hôte... mais, se reprenant aussitôt, il changea de ton... Si monsieur, dit-il, n'a pas de passe-port, il a apparemment des amis à Paris qui peuvent lui en procurer un... Je ne connais personne, lui dis-je avec un air indifférent.

Hé bien, monsieur, en ce cas-là, dit-il, vous pouvez vous attendre à vous voir fourrer à la Bastille, ou pour le moins au Châtelet... Oh ! dis-je, je ne crains rien : le Roi est rempli de bonté ; il ne fait de mal à personne... Vous avez raison ; mais cela n'empêchera pourtant pas qu'on ne vous mette à la Bastille demain matin... J'ai loué, repris-je, votre appartement pour un mois, et je ne le quitterai pas avant le temps pour tous les Rois de France du monde.

La Fleur vint me dire à l'oreille : monsieur, mais personne ne peut s'opposer au Roi.

Parbleu ! dit l'hôte, il faut avouer que ces messieurs Anglais sont des gens bien extraordinaires ; et il se retira en grommelant.

L'HOTEL A PARIS.

Je ne montrai tant d'assurance à l'hôte, et n'eus l'air de traiter la chose si cavalièrement, que pour ne point chagriner La Fleur. J'affectai même de paraître plus gai pendant le souper, et de causer avec lui d'autres choses. Paris et l'Opéra-Comique étaient déjà pour moi un sujet inépuisable de conversation. La Fleur avait aussi vu le spectacle, et il m'avait suivi jusqu'à la boutique du libraire. Mais, lorsqu'il me vit en sortir avec la jeune fille, et que j'allais avec elle le long du quai, il jugea inutile de me suivre un pas de plus; et, après quelques réflexions, il prit le chemin le plus court pour revenir à l'hôtel, où il avait appris toute l'affaire de la police sur mon arrivée à Paris.

Il n'eut pas sitôt ôté le couvert, que je lui dis de descendre pour souper. Je me livrai alors aux plus sérieuses réflexions sur ma situation.

Oh! c'est ici, mon cher Eugène, que tu souriras au souvenir d'un court entretien que nous eûmes ensemble, presque au moment de mon départ... Je dois le raconter ici.

Eugène, sachant que je n'étais pas plus chargé d'argent que de réflexion, m'avait pris à part pour me demander combien j'avais. Je lui montrai ma bourse. Eugène branla la tête, et dit que ce qu'il y avait ne suffirait pas !... Tiens, tiens, dit-il, en voulant vider la sienne dans la mienne, augmente tes guinées de toutes celles que j'ai... Mais en conscience j'en ai assez des miennes... Je t'assure que non. Je connais mieux que toi le pays où tu vas voyager. Cela peut-être ; mais vous ne faites pas réflexion, Eugène, lui dis-je en refusant son offre, que je ne serai pas trois jours à Paris sans faire quelque étourderie qui me fera mettre à la Bastille, où je vivrai un ou deux mois entièrement aux dépens du Roi... Oh! excusez, répliqua-t-il sèchement, j'avais réellement oublié cette ressource.

L'événement dont j'avais badiné allait probablement se réaliser....

Mais, soit folie, indifférence, philosophie, opiniâtreté, ou je ne sais quel autre cause, j'eus beau réfléchir sur cette affaire, je ne pus y penser que de la même manière dont j'en avais parlé à mon ami au moment de mon départ.

La Bastille!.... Mais la terreur est dans le mot... Et qu'on en dise ce qu'on voudra, ce mot ne signifie autre chose qu'une tour.... et une tour ne veut rien dire de plus qu'une maison dont on ne peut pas sortir...... Que le ciel soit favorable aux goutteux!...... Mais ne sont-ils pas dans ce cas deux fois par an? Oh! avec neuf francs par jour, des plumes, de l'encre, du papier et de la patience, on peut bien garder la maison pendant un mois ou six semaines sans sortir. Que craindre quand on n'a point fait de mal?.... On en sort que meilleur et plus sage....

La tête pleine de ces réflexions, enchanté de mes idées et de mon raisonnement, je descendis dans la cour je ne sais pour quelle raison. Je déteste, me disais-je, les pinceaux sombres, et je n'envie point l'art triste de peindre les maux de la vie avec des couleurs aussi noires. L'esprit s'effraye d'objets qu'il s'est grossis, et qu'il s'est rendus horribles à lui-même; dépouillez-les de tout ce que vous y avez ajouté, et il n'y fait aucune attention... Il est vrai, continuai-je, dans le dessein d'adoucir la proposition, que la Bastille est un mal qui n'est pas à mépriser... Mais ôtez-lui ses tours, comblez ses fossés, que ses portes ne soient pas barricadées, figurez-vous que ce n'est simplement qu'un asile de contrainte, et supposez que c'est quelque infirmité qui vous y retient, et non la volonté d'un homme, alors le mal s'évanouit, et vous le souffrez sans vous plaindre. Je me disais tout cela, quand je fus interrompu, au milieu de mon soliloque, par une voix que je pris pour celle d'un enfant qui se plaignait de ce qu'on ne pouvait sortir. Je regardai sous la porte co-chère.... Je ne vis personne, et je revins dans la cour sans faire la moindre attention à ce que j'avais entendu.

Mais à peine y fus-je revenu, que la même voix répéta deux fois les mêmes expressions..... Je levai les yeux, et je vis qu'elles venaient d'un sansonnet qui était renfermé dans une petite cage..... *Je ne peux pas sortir, je ne peux pas sortir....* disait le sansonnet.

Je me mis à contempler l'oiseau. Plusieurs personnes passèrent sous la porte, et il leur fit les mêmes plaintes de sa captivité, en volant de leur côté dans sa cage... *Je ne peux pas sortir...* Oh! je vais à ton aide, m'écriai-je, je te ferai sortir, coûte qu'il coûte.... La porte de la cage était du côté du mur; mais elle était si fort entrelacée avec du fil d'archal, qu'il était impossible de l'ouvrir sans mettre la cage en morceaux.... J'y mis les deux mains.

L'oiseau volait à l'endroit où je tentais de lui procurer sa délivrance. Il passait sa tête à travers le treillis, et y pressait son estomac, comme s'il eût été impatient..... Je crains bien, pauvre petit captif, lui disais-je, de ne pouvoir te rendre la liberté..... *Non*, dit le sansonnet, *je ne peux pas sortir... je ne peux pas sortir...*

Jamais mes affections ne furent plus tendrement agitées.,. Jamais dans ma vie aucun accident ne m'a rappelé plus promptement mes esprits dissipés par un faible raisonnement. Les notes n'étaient proférées que mécaniquement; mais elles étaient si conformes à l'accent de la nature, qu'elles renversèrent en un instant tout mon plan systématique sur la Bastille; et, le cœur appesanti, je remontai l'escalier avec des pensées bien différentes de celles que j'avais eues en descendant...

Déguise-toi comme tu voudras, triste esclavage, tu n'es toujours qu'une coupe amère; et quoique des millions de mortels, dans tous les siècles, aient été formés pour goûter de ta liqueur, tu n'en es pas moins amer. C'est toi, ô charmante déesse! que tout le monde adore en public ou en secret; c'est toi, aimable LIBERTÉ, dont le goût est délicieux, et le sera toujours jusqu'à ce que la nature soit changée... Nulle teinture ne peut ternir ta robe de neige, nulle puissance chimique changer ton sceptre en fer.... Le berger qui jouit de tes faveurs est plus heureux en mangeant sa croûte de pain, que son monarque, de la cour duquel tu es exilé...... Ciel....! m'écriai-je en tombant à genoux sur la dernière marche de l'escalier, accorde-moi seulement la santé dont tu es le grand dispensateur, et donne-moi cette belle déesse pour compagne.... et fais pleuvoir tes mîtres, si c'est la volonté de ta divine Providence, sur les têtes de ceux qui les ambitionnent.

LE CAPTIF.

L'idée du sansonnet en cage me suivit jusque dans ma chambre.... Je m'approchai de la table, et, la tête appuyée sur ma main, toutes les peines d'une prison se retracèrent à mon esprit.... J'étais disposé à réfléchir, et je donnai carrière à mon imagination.

Je voulus commencer par les millions de mes semblables qui étaient nés pour l'esclavage...... Mais trouvant que cette peinture, quelque touchante qu'elle fût, ne rapprochait pas assez les idées de la situation où j'étais, et que la multitude de ces tristes groupes ne faisait que me distraire..... je me représentai donc un seul captif renfermé dans un cachot.... Je le regardai à travers de sa porte grillée, pour faire son portrait à la faveur de la lueur sombre qui éclairait son triste souterrain.

Je considérai son corps à demi usé par l'ennui de l'attente et de la contrainte, et je compris cette espèce de maladie de cœur qui provient de l'espoir différé.... Je le vis, en l'examinant de plus près, presqu'entièrement défiguré : il était pâle et miné par la fièvre... Depuis trente ans, son sang n'avait point été rafraîchi par le vent d'ouest. Il n'avait vu ni le soleil ni la lune pendant tout ce temps.... Ni amis, ni parens ne lui avaient fait entendre les doux sons de leurs voix à travers ses grilles.... Ses enfans....

Ici mon cœur commença à saigner, et je fus forcé de jeter les yeux sur une autre partie du tableau.

Il était assis sur un peu de paille dans le coin le plus reculé du cachot. C'était alternativement son lit et sa chaise.... Il avait la main sur un calendrier qu'il s'était fait avec de petits bâtons, où il avait marqué par des tailles les tristes jours qu'il avait passés dans cet affreux séjour..... Il tenait un de ces petits bâtons; et avec un clou rouillé il ajoutait, par une nouvelle entaille, un autre jour de misère au nombre de ceux qui étaient passés. Comme j'obscurcissais le peu de lumière qu'il avait, il leva vers la porte des yeux éteints par le désespoir, les baissa ensuite, secoua la tête, et continua son déplorable travail. Ses chaînes, en mettant son petit bâton sur le tas des autres, se firent entendre.... Il poussa un profond soupir.... Le fer qui l'entourait me semblait pénétrer dans son âme.... Je fondis en larmes.... Je ne pus soutenir la vue de cet affreux tableau que mon imagination me représentait.... Je me levai en sursaut.... j'appelai La Fleur, et je lui ordonnai d'avoir, le lendemain matin, un carrosse de remise à neuf heures précises.

J'irai, dis-je, me présenter directement à M. le duc de Choiseul.

La Fleur m'aurait volontiers aidé à me mettre au lit.... mais je connaissais sa sensibilité, et je ne voulus pas lui faire voir mon air triste et sombre : je lui dis que je me coucherais seul, et qu'il pouvait aller en faire autant.

CHEMIN DE VERSAILLES.

Je montai dans mon carrosse à l'heure indiquée. La Fleur se mit derrière, et je dis au cocher de me mener à Versailles le plus grand train qu'il pourrait.

Le chemin ne m'offrant rien de ce que je cherche ordinairement en voyageant, je ne puis mieux en remplir le vide que par l'histoire abrégée de mon sansonnet.

Milord L.... attendait un jour que le vent devînt favorable pour passer de Douvres à Calais.... Son laquais, en se promenant sur les hauteurs, attrapa le sansonnet, avant qu'il pût voler. Il le mit dans son sein, le nourrit, le prit en affection, et l'apporta à Paris.

Son premier soin, en arrivant, fut de lui acheter une cage qui lui coûta vingt-quatre sous. Il n'avait pas beaucoup d'affaires ; et, pendant les cinq mois que son maître resta à Paris, il apprit au sansonnet, dans la langue de son pays, les quatre mots (et pas davantage), auxquels j'ai tant d'obligation.

Lorsque milord partit pour l'Italie, son laquais donna le sansonnet et la cage à l'hôte ; mais son petit chant en faveur de la liberté étant un langage inconnu à Paris, on ne faisait guère plus de cas de ce qu'il disait que de lui.... La Fleur offrit une bouteille de vin à l'hôte, et l'hôte lui donna le sansonnet et la cage.

A mon retour d'Italie, je l'emportai avec moi, et lui fis revoir son pays natal. Je racontai son histoire au lord A.... et le lord A.... me pria de lui donner l'oiseau. Quelques semaines après, il en fit présent au lord B.....; le lord B..... le donna au lord C...; l'écuyer du lord C... le vendit au lord D.... pour un scheling ; le lord D.... le donna au lord E.... et mon sansonnet fit ainsi le tour de la moitié de l'alphabet. De la chambre des pairs il passa dans la chambre des communes, où il ne trouva pas moins de maîtres; mais, comme tous ces messieurs voulaient *entrer dedans*.... et que le sansonnet, au contraire, ne demandait qu'à sortir, il fut presque aussi méprisé à Londres qu'à Paris.

Plusieurs de mes lecteurs ont assurément entendu parler de lui....; et si quelqu'un par hasard l'a jamais vu, je le prie de se souvenir qu'il m'a appartenu.

Je n'ai plus rien à ajouter à son sujet, sinon que depuis lors jusqu'à présent j'ai porté ce pauvre sansonnet pour cimier de mes armoiries.

Que les hérauts d'armes lui tordent le cou, s'ils l'osent....

LE PLACET.

Je ne voudrais pas, quand je vais implorer la protection de quelqu'un, que mon ennemi vît la situation de mon esprit... C'est par cette même raison que je tâche ordinairement d'être mon propre protecteur... mais c'était par force que je m'adressais au duc de Choiseul ; si c'eût été une action de choix, je suppose que je l'aurais faite tout comme un autre.

Combien de formes de placets, de la tournure la plus basse, mon servile cœur ne conçut-il pas pendant tout le chemin ! Je méritais d'aller à la Bastille pour chacune de ces tournures.

Arrivé à la vue de Versailles, je voulus m'occuper à rassembler des mots, des maximes ; j'essayai des attitudes, des tons de voix pour s'insinuer dans les bonnes grâces de M. le duc. Bon ! disais-je, j'y suis : ceci fera l'affaire. Oui, tout aussi bien qu'un habit qu'on lui aurait fait sans lui prendre la mesure. Sot, continuai-je en m'apostrophant, commence par regarder M. le duc de Choiseul, observe son visage... le caractère qui y est tracé... remarque son attitude en t'écoutant, la tournure et l'expression de toute sa personne, et le premier mot qui sortira de sa bouche te donnera le ton que tu dois prendre. Vous composerez sur-le-champ votre harangue, de l'assemblage de toutes ces choses; elle ne pourra lui déplaire, et passera très-vraisemblablement : c'est lui qui en aura fourni les ingrédiens.

Hé bien, dis-je, je voudrais déjà avoir fait ce pas-là. Lâche! un homme n'est-il donc pas égal à un autre sur toute la surface du globe? Cela est ainsi dans un champ de bataille; pourquoi cela ne serait-il pas de même face à face dans le cabinet? Crois-moi, Yorick, un homme qui ne prend pas cette noble assurance, se manque à lui-même, se dégrade et dément ses propres ressources dix fois sur une que la nature les lui refuse. Présente-toi au duc avec la crainte de la Bastille dans tes regards et dans ta contenance, et sois assuré que tu seras renvoyé à Paris en moins d'une heure sous bonne escorte...

Ma foi, dis-je, je le crois ainsi... Hé bien, par le ciel! j'irai au duc avec toute l'assurance et toute la gaîté possibles....

Vous vous égarez encore, me dis-je. Un cœur tranquille ne se jette pas dans les extrêmes.... il se possède toujours... Bien, bien, m'écriai-je, tandis que le cocher entrait dans les cours, je vois que je m'en acquitterai très-bien. Et, quand il s'arrêta, je me trouvai, par la leçon que je venais de me donner, aussi calme qu'on peut l'être. Je ne montai l'escalier ni avec cet air craintif qu'ont les victimes de la justice, ni avec cette humeur vive et badine qui m'anime toujours quand je te vais voir, Elisa.

Dès que je parus dans le salon, une personne vint au-devant de moi; je ne sais si c'était le maître-d'hôtel ou le valet-de-chambre, peut-être était-ce quelque sous-secrétaire : elle me dit que M. le duc de Choiseul travaillait. J'ignore, lui dis-je, comment il faut s'y prendre pour obtenir audience; je suis étranger, et, ce qui est encore pis dans la conjoncture des affaires présentes, c'est que je suis Anglais. Elle me répondit que cette circonstance ne rendait pas la chose plus difficile.... Je lui fis une légère inclination.... Monsieur, lui dis-je, ce que j'ai à communiquer à M. le duc est fort important. Il regarda de côté et d'autre, pour voir apparemment s'il n'y avait personne qui pût en avertir le ministre. Je retournai à lui... Je ne veux pas, monsieur, lui dis-je, causer ici de méprise... ce n'est pas pour M. le duc que l'affaire dont j'ai à lui parler est importante, c'est pour moi. Oh! c'est une autre affaire, dit-il. Non, monsieur, repris-je, je suis sûr que c'est la même chose pour M. le duc.... Cependant je le priai de me dire quand je pourrais avoir accès. Dans deux heures, dit-il. Le nombre des équipages qui étaient dans la cour semblait justifier ce calcul. Que faire pendant ce temps-là? se promener en long et en large dans une salle d'audience ne me paraissait pas un passe-temps fort agréable. Je descendis, et j'ordonnai au cocher de me mener au cordon-bleu.

Mais tel est mon destin.... Il est rare que j'aille à l'endroit que je me propose.

LE PATISSIER.

Je n'étais pas à moitié chemin de l'auberge que je changeai d'idée. Puisque je suis à Versailles, pensai-je, il ne m'en coûtera pas davantage de parcourir la ville ; je tirai le cordon, et je dis au cocher de me promener par quelques-unes de ses principales rues. Cela sera bientôt fait, ajoutai-je, car je suppose qu'elle n'est pas grande. Elle n'est pas grande !

pardonnez-moi, monsieur, elle est fort grande et même fort belle. La plupart des seigneurs y ont des hôtels.... A ce mot d'hôtels, je me rappelai tout à coup le comte de B. dont le libraire du quai de Conti m'avait dit tant de bien.... Hé! pourquoi n'irai-je pas chez un homme qui a une si haute idée des livres anglais, et des Anglais mêmes? Je lui raconterai mon aventure.... Je changeai donc d'avis une seconde fois.... à bien compter, même, c'était la troisième. J'avais eu d'abord envie d'aller chez madame R..., rue des Saints-Pères; j'avais chargé sa femme de chambre de la prévenir que je me rendrais assurément chez elle. Mais ce n'est pas moi qui règle les circonstances, ce sont les circonstances qui me gouvernent. Ayant donc aperçu de l'autre côté de la rue un homme qui portait un panier, et paraissait avoir quelque chose à vendre, je dis à La Fleur d'aller lui demander où demeurait le comte de B....

La Fleur revint précipitamment; et,

avec un air qui peignait la surprise, il me dit que c'était un chevalier de Saint-Louis qui vendait des petits pâtés... Quel conte ! lui dis-je, cela est impossible. Je ne puis, monsieur, vous expliquer la raison de ce que j'ai vu; mais cela est; j'ai vu la croix et le ruban rouge attaché à la boutonnière... J'ai regardé dans le panier, et j'ai vu les petits pâtés qu'il vend; il est impossible que je me trompe en cela.

Un tel revers dans la vie d'un homme éveille dans une âme sensible un autre principe que la curiosité... Je l'examinai quelque temps de dedans mon carrosse.... Plus je l'examinais, plus je le voyais avec sa croix et son panier, et plus mon esprit et mon cœur s'échauffaient... Je descendis de la voiture, et je dirigeai mes pas vers lui.

Il était entouré d'un tablier blanc qui lui tombait au-dessous des genoux. Sa croix pendait au-dessus de la bavette. Son panier, rempli de petits pâtés, était couvert d'une serviette ouvrée. Il y en avait une autre au fond, et tout cela était si propre, que l'on pouvait acheter ses petits pâtés, aussi-bien par appétit que par sentiment.

Il ne les offrait à personne, mais il se tenait tranquille dans l'encoignure d'un hôtel, dans l'espoir qu'on viendrait les acheter sans y être sollicité.

Il était âgé d'environ cinquante ans.... d'une physionomie calme, mais un peu grave. Cela ne me surprit pas... Je m'adressai au panier plutôt qu'à lui. Je levai la serviette et pris un petit pâté, en le priant d'un air touché de m'expliquer ce phénomène.

Il me dit en peu de mots, qu'il avait passé sa jeunesse dans le service; qu'il y avait mangé un petit patrimoine; qu'il avait obtenu une compagnie et la croix: mais qu'à la conclusion de la dernière paix, son régiment fut réformé, et que tous le corps, ainsi que ceux d'autres régimens,

fut renvoyé sans pension ni gratification...
Il se trouvait dans le monde sans amis,
sans argent, et bien réellement, ajouta-
t-il, sans autre chose que ceci (montrant
sa croix). Le pauvre chevalier me faisait
pitié; mais il gagna mon estime en ache-
vant ce qu'il avait à me dire.

Le Roi est un prince aussi bon que généreux; mais il ne peut récompenser ni
soulager tout le monde : mon malheur est
de me trouver de ce nombre.... Je suis
marié..... Ma femme, que j'aime et qui
m'aime, a cru pouvoir mettre à profit le
petit talent qu'elle a de faire de la pâtis-
serie, et j'ai pensé, moi, qu'il n'y avait
point de déshonneur à nous préserver
tous deux des horreurs de la disette en
vendant ce qu'elle fait.... à moins que la
Providence ne nous eût offert un meilleur
moyen.

Je priverais les âmes sensibles d'un
plaisir, si je ne leur racontais pas ce qui
arriva à ce pauvre chevalier de Saint-
Louis, huit ou neuf mois après.

Il se tenait ordinairement près de la grille du château. Sa croix attira les regards de plusieurs personnes qui eurent la même curiosité que moi, et il leur raconta la même histoire avec la même modestie qu'il me l'avait racontée. Le roi en fut informé. Il sut que c'était un brave officier qui avait eu l'estime de tout son corps, et il mit fin à son petit commerce, en lui donnant une pension de quinze cents livres.

J'ai raconté cette anecdote dans l'espoir qu'elle plairait au Lecteur; je le prie de me permettre, pour ma propre satisfaction, d'en raconter une autre arrivée à une personne du même état : les deux histoires se donnent jour réciproquement, et ce serait dommage qu'elles fussent séparées.

L'ÉPÉE.

Quand les empires les plus puissans ont leurs époques de décadence, et éprouvent à leur tour les calamités et la misère, je ne m'arrêterai pas à dire les causes qui avaient insensiblement ruiné la maison d'E.... en Bretagne. Le marquis d'E.... avait lutté avec beaucoup de fermeté contre les adversités de la fortune : il voulait conserver encore, aux yeux du monde, quelques restes de l'éclat dont avaient brillé ses ancêtres ; mais les dépenses excessives qu'ils avaient faites, lui en avaient entièrement ôté les moyens.... Il lui restait bien assez pour le soutien d'une vie obscure.... mais il avait deux fils qui semblaient lui demander quelque chose de plus, et il croyait qu'ils méritaient un meilleur sort. Ils avaient essayé de la voie des armes...; il en coûtait trop pour parvenir...; l'économie ne convenait pas à cet état.... Il n'y avait donc pour lui qu'une ressource, et c'était le commerce.

Dans toute autre province de France, hormis la Bretagne, c'était flétrir pour toujours la racine du petit arbre que son orgueil et son affection voulaient voir refleurir...... Heureusement la Bretagne a conservé le privilége de secouer le joug de ce préjugé. Il s'en prévaut. Les États étaient assemblés à Rennes ; le marquis en prit occasion de se présenter un jour, suivi de ses deux fils, devant le sénat. Il fit valoir avec dignité la faveur d'une ancienne loi du duché, qui, quoique rarement réclamée, n'en subsistait pas moins dans toute sa force. Il ôta son épée de son côté. La voici, dit-il, prenez-là ; soyez-en les fidèles dépositaires, jusqu'à ce qu'une meilleure fortune me mette en état de la reprendre et de m'en servir avec honneur.

Le président accepta l'épée... Le marquis s'arrêta quelques momens pour la voir déposer dans les archives de sa maison, et se retira.

Il s'embarqua le lendemain avec toute sa famille pour la Martinique. Une application assidue au commerce pendant dix-neuf ou vingt ans, et quelques legs inattendus de branches éloignées de sa maison, lui rendirent de quoi soutenir sa noblesse, et il revint chez lui pour réclamer son épée.

J'eus le bonheur de me trouver à Rennes le jour de cet événement solennel. C'est ainsi que je l'appelle. Quel autre nom pourrait lui donner un voyageur sentimental ?

Le marquis, tenant par la main une épouse respectable, parut avec modestie au milieu de l'assemblée. Son fils aîné conduisait sa sœur. Le cadet était à côté de sa mère. Un mouchoir cachait les larmes de ce bon père.

Le silence le plus profond régnait dans toute l'assemblée. Le marquis remit sa femme aux soins de son fils cadet et de sa fille, avança six pas vers le président, et lui redemanda son épée. On la lui rendit. Il ne l'eut pas plutôt, qu'il la tira presque tout entière hors du fourreau..... C'était la face brillante d'un ami qu'il avait perdu de vue depuis quelque temps. Il l'examina attentivement, comme pour s'assurer que c'était la même. Il aperçut un peu de rouille vers la pointe : il la porta plus près de ses yeux, et il me sembla que je vis tomber une larme sur l'endroit rouillé; je ne pus y être trompé par ce qui suivit.

Je trouverai, dit-il, quelque autre moyen pour l'ôter.

Il la remit ensuite dans le fourreau, remercia ceux qui en avaient été les dépositaires, et se retira avec son épouse, sa fille et ses deux fils.

Que je lui enviais ses sensations!

∞∞∞∞∞

VERSAILLES.

J'entrai chez monsieur le comte de B... sans essuyer la moindre difficulté. Il feuilletait les ouvrages de Shakespeare qui étaient sur son secrétaire, et je lui fis juger par mes regards que je les connaissais. Je suis venu, lui dis-je, sans introducteur, parce que je savais que je trouverais dans votre cabinet un ami qui m'introduirait auprès de vous. Le voilà, c'est le grand Shakespeare, mon compatriote... Esprit sublime, m'écriai-je fais-moi cet honneur-là!

Le comte sourit de la singularité de cette manière de se présenter... Il s'aperçut, à mon air pâle, que je ne me portais pas bien, et me pria aussitôt de m'asseoir. J'obéis; et, pour lui épargner des conjectures sur une visite qui n'était certainement pas faite dans les règles ordinaires, je lui racontait naïvement ce qui m'était arrivé chez le libraire, et comment cela m'avait enhardi à venir le trouver plutôt que tout autre, pour lui faire part du petit embarras où je m'étais plongé. Quel est votre embarras? me dit-il, que je le sache. Je lui fis le même récit que j'ai déjà fait au Lecteur.

Mon hôte, ajoutai-je en le terminant, m'assure, M. le comte, qu'on me mettra à la Bastille. Mais je ne crains rien; je suis au milieu du peuple le plus poli de l'univers, et ma conscience me dit que je suis intègre. Je ne suis point venu pour jouer ici le rôle d'espion, ni pour observer la nudité du pays; à peine ai-je eu la pensée que je fusse exposé. Il ne convient pas à la générosité française, monsieur le comte, dis-je, de faire du mal à des infirmes.

Je vis le teint du comte s'animer lorsque je prononçai ceci... Ne craignez rien, dit-il... Moi! monsieur, je ne crains réellement rien; d'ailleurs, continuai-je d'un air un peu badin, je suis venu en riant depuis Londres jusqu'à Paris, et je ne crois pas que monsieur le duc de Choiseul soit assez ennemi de la joie pour me renvoyer en pleurs.

Je me suis adressé à vous, M. le comte, ajoutai-je en lui faisant une profonde inclination, pour vous engager à le prier de ne pas faire cet acte de cruauté.

Le comte m'écoutait avec un grand air de bonté... sans cela j'aurais moins parlé... Il s'écria une ou deux fois : Cela est bien dit... Cependant la chose en resta là, et je ne voulus plus en parler.

Il changea lui-même de discours; nous parlâmes de choses indifférentes, de livres, de nouvelles, de politique, des hommes... et puis des femmes. Que Dieu bénisse tout le beau sexe ! lui dis-je, personne ne l'aime plus que moi. Après tous les faibles que j'ai vus aux femmes, toutes les satires que j'ai lues contre elles, je les aime toujours. Je suis fermement persuadé qu'un homme qui n'a pas une espèce d'affection pour elles toutes, n'en peut aimer une seule comme il le doit.

Eh bien! monsieur l'Anglais, me dit gaîment le comte, vous n'êtes pas venu ici, dites-vous, pour espionner la nudité du pays... je vous crois... ni encore..., j'ose le dire, celle de nos femmes. Mais permettez-moi de conjecturer, que si par hasard vous en trouviez quelques-unes sur votre chemin, qui se présentassent ainsi à vos yeux, la vue de ces objets ne vous effraierait pas.

Il y a quelque chose en moi qui se révolte à la moindre idée indécente. Je me suis souvent efforcé de surmonter cette répugnance, et ce n'est qu'avec beaucoup de peine que j'ai hasardé de dire, dans un cercle de femmes, des choses dont je n'aurais pas osé risquer une seule dans le tête-à-tête, m'eût-elle conduit au bonheur.

- Excusez-moi, M. le comte, lui dis-je; si

un pays aussi florissant ne m'offrait qu'une terre nue, je jeterais les yeux en pleurant.... Pour ce qui est de la nudité des femmes, continuai-je en rougissant de l'idée qu'il avait excitée en moi, j'observe si scrupuleusement l'Evangile, je m'attendris tellement sur leurs faiblesses, que si j'en trouvais dans cette état, je les couvrirais d'un manteau, pourvu que je susse comment il faudrait m'y prendre... Mais, je l'avoue, je voudrais bien voir la nudité de leurs cœurs, et tâcher, à travers les différens déguisemens des coutumes, du climat, de la religion et des mœurs, de modeler le mien sur ce qu'il y a de bon...

C'est pour cela que je suis venu à Paris; c'est pour la même raison, M. le comte, continuai-je, que je n'ai pas encore été voir le Palais-Royal, le Luxembourg, la façade du Louvre.... Je n'ai pas non plus essayé de grossir le catalogue des tableaux, des statues, des églises : je me représente chaque beauté comme un temple dans lequel j'aimerais mieux entrer pour y voir les traits originaux et les légères exquisses qui s'y trouvent, plutôt que le fameux tableau de la transfiguration de Raphaël lui-même.

La soif que j'en ai, continuai-je, aussi ardente que celle qui enflamme le sein du connaisseur, m'a fait sortir de chez moi pour venir en France, et me conduira probablement plus loin.... C'est un voyage tranquille que le cœur fait à la poursuite de la nature et des affections qu'elle fait éprouver, et qui nous porte à nous entr'aimer un peu mieux que nous ne faisons.

Le comte me dit des choses fort obligeantes à ce sujet; et ajouta poliment qu'il était très-redevable à Shakespeare de lui avoir procuré ma connaissance.... Mais à propos, dit-il, cet auteur est si rempli de ses grandes idées, qu'il a oublié une petite bagatelle, qui est de me dire votre nom.... Cela vous met dans la nécessité de vous nommer vous-même.

Rien ne m'embarrasse plus que d'être obligé de dire qui je suis.... Je parle plus aisément d'un autre que de moi-même; et j'ai souvent souhaité de pouvoir le faire en un seul mot, pour avoir plus tôt fini. Ce fut le seul moment et la seule occasion dans ma vie où je pus me satisfaire à cet égard. Shakespeare était sous mes yeux; et je me souvins que mon nom était dans la tragédie d'Hamlet; je cherchai immédiatement la scène des fossoyeurs, au cinquième acte; et, posant le doigt sur le nom d'Yorick, je présentai le volume au comte...... Me voici, lui-dis-je.

Il importe peu de savoir si la réalité de ma personne avait effacé ou non de l'esprit du comte l'idée du squelette du pauvre Yorick, ou par quelle magie il se trompa de sept ou huit siècles.... Les Français conçoivent mieux qu'ils ne combinent.... Rien ne m'étonne dans ce monde, et encore moins ces espèces de méprises... Je me suis avisé de faire quelques volumes de sermons, bons ou mauvais; et un de nos évêques, dont je révère d'ailleurs la candeur et la piété, me disait un jour qu'il n'avait pas la patience de feuilleter des sermons qui avaient été composés par le bouffon du Roi de Danemark. Mais, monseigneur, lui dis-je, il y a deux Yorick. Le Yorick dont vous parlez est mort et enterré il y a huit siècles.... il florissait à la cour d'Horwendillus.... L'autre Yorick n'a brillé dans aucune cour, et c'est moi qui le suis... il secoua la tête. Mon Dieu! monseigneur, ajoutai-je, vous voudriez donc me faire penser que vous pourriez confondre Alexandre-le-Grand avec Alexandre dont parle saint Paul, et qui n'était qu'un chaudronnier? Je ne sais, dit-il, mais n'est-ce pas le même?

Ah! si le roi de Macédoine, lui dis-je, monseigneur, pouvait vous donner un meilleur évêché, je suis bien sûr que vous ne parleriez pas ainsi.

Le comte de B... tomba dans la même erreur.

Vous êtes Yorick! s'écria-t-il..... Oui, je le suis..... Vous? Oui, moi-même, moi qui ai l'honneur de vous parler. Bon Dieu ! dit-il en m'embrassant, vous êtes Yorick !

Il mit aussitôt le volume de Shakespeare dans sa poche ; et me laissa seul dans son cabinet.

LE PASSE-TEMPS.

Je ne pouvais pas concevoir pourquoi le comte de B... était sorti précipitamment, ni pourquoi il avait mis le volume de Shakespeare dans sa poche.... Mais des mystères qui s'expliquent d'eux-mêmes par la suite, ne valent pas le temps qu'on perd à vouloir les pénétrer...... il valait mieux lire Shakespeare.... Je pris un des volumes qui restaient, et je tombai sur la pièce intitulée : *Beaucoup de bruit et de fracas pour rien;* et, du fauteuil où j'étais assis, je me transportai sur-le-champ à Messine ; je m'y occupais si fort de dom Pèdre, de Benoît et de Béatrix, que je ne pensais ni à Versailles, ni au comte, ni au passe-port.

Douce flexibilité de l'esprit humain, qui peut aussitôt se livrer à des illusions qui adoucissent les tristes momens de l'attente et de l'ennui !... Il y a long-temps que je n'existerais plus, si je n'avais pas erré dans ces plaines enchantées.... Dès que je trouve un chemin trop rude pour mes pieds, ou trop escarpé pour mes forces, je le quitte pour chercher un sentier velouté et uni que l'imagination a jonché de boutons de roses. J'y fais quelques tours, et j'en reviens plus robuste et plus frais. Lorsque le mal m'accable, et que ce monde ne m'offre aucune retraite pour m'y soustraire, je le quitte, et je prends une nouvelle route.... et, comme j'ai une idée beaucoup plus claire des champs Elysées que du Ciel, je fais comme Enée, j'y entre par force.... Je le vois qui rencontre l'ombre pensive de sa Didon abandonnée, qu'il cherche à reconnaître.... Elle l'aperçoit, se détourne en silence de l'auteur de sa misère et de sa honte.... Mes sensations se perdent dans les siennes et se confondent dans ces émotions, qui m'arrachaient des larmes sur son sort lorsque j'étais au collége.

Ce n'est certainement pas là courir après une ombre vaine et se tourmenter inutilement pour la saisir : on se tourmente bien plus souvent en confiant le succès de ces émotions à la seule raison. J'assurerai hardiment que, quant à moi, je ne fus jamais plus en état de vaincre aussi décidément une seule sensation désagréable dans mon cœur, qu'en y excitant à sa place une autre plus douce et plus agréable.

J'allais finir de lire le troisième acte, lorsque le comte de B... entra, avec mon passe-port à la main... M. le duc de Choiseul, me dit-il, est aussi bon prophète qu'il est grand homme d'État.... Celui qui rit, dit il, ne sera jamais dangereux. Pour tout autre que le bouffon du roi, je n'aurais pu l'avoir de plus de deux heures... Mais, M. le comte, lui dis-je, je ne suis pas le bouffon du Roi.... Mais vous êtes Yorick ? Oui.... Et vous riez, vous plaisantez ? Je ris, je plaisante ; mais je ne suis point payé pour cela... C'est toujours à mes propres frais que je m'amuse....

Nous n'avons pas, M. le comte, de bouffons à la Cour ; le dernier que nous eûmes parut sous le règne licencieux de Charles II. Nos mœurs, depuis ce temps, se sont si épurées ; nos grands seigneurs sont si désintéressés, qu'ils ne désirent plus *rien* que les honneurs et la richesse de leur patrie ; nos dames sont toutes si modestes, si réservées, si chastes, si dévotes.... Ah ! M. le comte, un bouffon n'aurait pas un seul trait de raillerie à décocher....

Oh ! pour cela, s'écria-t-il, voilà du persifflage.

DIGRESSION.

Le passe-port était adressé à tous les gouverneurs, lieutenans commandans, officiers-généraux et autres officiers de justice; et M. Yorick, le bouffon du roi, et son bagage pouvaient voyager tranquillement. On avait ordre de les laisser passer sans les inquiéter... J'avoue cependant que le triomphe d'avoir obtenu ce passe-port me paraissait un peu terni par la figure que j'y faisais.... Mais quels biens dans ce monde sont sans mélange? Je connais de graves théologiens qui vont jusqu'à soutenir que la jouissance même est accompagnée d'un soupir, et que la plus délicieuse qu'ils connaissent, se termine ordinairement par quelque chose approchant de la convulsion.

Je me souviens que le grave et le savant Bevoriskius, dans son commentaire sur les générations d'Adam, étant au milieu d'une note, l'interrompit tout naturellement pour parler de deux moineaux qui étaient sur les bords de sa fenêtre, et qui l'avaient tellement incommodé pendant qu'il écrivait, qu'ils lui avaient enfin fait perdre le fil de sa généalogie.

« Cela est étrange ! s'écrie-t-il ; mais le « fait n'en est pas moins vrai. Ils me trou- « blaient par leurs caresses... J'eus la cu- « riosité de les marquer une à une avec « ma plume ; et le moineau mâle, dans le « peu de temps qu'il m'aurait fallu pour « finir ma note, réitéra les siennes vingt- « trois fois et demie.

« Que le ciel répand de bienfaits sur ses « créatures ! ajoute Bevoriskius ».

Et c'est le plus grave de tes frères, ô malheureux Yorick, qui publie ce que tu ne peux copier ici sans rougir !

Mais cette anecdote n'a rien de commun avec mes voyages.... Je demande deux fois.... trois fois excuse de cette digression.

CARACTÈRES.

Eh bien, me dit le comte après qu'il m'eut donné le passe-port, comment trouvez-vous les Français ?

On peut s'imaginer qu'après avoir reçu tant d'honnêtetés, je ne pouvais répondre à cette question que d'une manière fort polie.

Passe pour cela, dit le comte ; mais parlez franchement ; trouvez-vous dans les Français toute l'urbanité dont on leur fait honneur partout ? Tout ce que j'ai vu, lui dis-je, me confirme dans cette opinion.... Oh ! oui, dit le comte, les Français sont polis...... Jusqu'à l'excès, lui repris-je.

Ce mot excès le frappa, il prétendait que j'entendais par-là plus que je ne disais. Je m'en défendis pendant long-temps aussi-bien que je pus... Il insista sur ma réserve, et il m'engagea à parler avec franchise.

Je crois, M. le comte, lui dis-je, qu'il en est des questions que l'on se fait dans la société, comme de la musique; on a besoin d'une clef pour répondre aux unes, comme pour régler l'autre. Une note exprimée trop haut ou trop bas, dérange tout le système de l'harmonie.... Le comte de B.... me dit qu'il ne savait pas la musique...., et me pria de m'expliquer de quelque autre façon..... Une nation civilisée, M. le comte, lui dis-je enfin, rend le monde son tributaire. La politesse en elle-même, ainsi que le beau sexe, a d'ailleurs tant de charmes, qu'il répugne au cœur d'en dire du mal.... Je crois cependant qu'il n'y a qu'un seul point de perfection où l'homme en général puisse arriver. S'il le passe, il change plutôt de qualités qu'il n'en acquiert.... Je ne prétends pas marquer par-là à quel degré cela se rapporte aux Français sur le point dont nous parlons. Mais si jamais les Anglais parvenaient à cette politesse qui distingue les Français, et s'ils ne perdaient pas en même temps cette politesse du cœur qui engage les hommes à faire plutôt des actes d'humanité que de pure civilité, ils perdraient au moins ce caractère original et varié qui les distingue non-seulement les uns des autres, mais qui les distingue aussi de tout le reste du monde.

Je fouillai dans ma poche, et j'en tirai quelques schelins qui avaient été frappés du temps du roi Guillaume, et qui étaient unis comme le verre : ils pouvaient servir à éclaircir ce que je venais de dire.

Voyez, M. le comte, lui dis-je, en les posant devant lui sur son bureau : par le frottement de ces pièces pendant soixante-dix ans qu'elles ont passé par tant de mains, elles sont devenues si semblables les unes aux autres, qu'à peine pouvez-vous les distinguer.

Les Anglais, comme les anciennes médailles que l'on met à part et qui ne passent que par peu de mains, conservent la même rudesse que la main de la nature leur a donnée. Elles ne sont pas si agréables au toucher; mais en revanche la légende en est si lisible, que du premier coup d'œil l'on voit de qui elles portent l'effigie et la suscription.... Mais les Français, M. le comte.... ajoutai-je, cherchant à adoucir ce que j'avais dit, ont tant d'excellentes qualités, qu'ils peuvent bien se passer de celle-là. Il n'y a point de peuple plus loyal, plus brave, plus généreux, plus spirituel et meilleur. S'ils ont un défaut.... c'est d'être trop sérieux.

Mon Dieu! s'écria le comte en se levant avec surprise....

Mais vous plaisantez, dit-il.... Je mis la main sur ma poitrine, et l'assurai gravement que c'était mon opinion....

Le comte me dit qu'il était mortifié de ne pouvoir rester pour m'entendre justifier cette idée. Il était obligé de sortir dans le moment, pour aller dîner chez le duc de Choiseul, où il était engagé.

Mais j'espère, me dit-il, que vous ne trouverez pas Versailles trop éloigné de Paris, pour vous empêcher d'y venir dîner avec moi... J'aurai peut-être alors le plaisir de vous voir rétracter votre opinion..... ou d'apprendre comment vous la soutiendrez. En ce cas, monsieur l'Anglais, vous ferez bien d'employer tous vos moyens, car vous aurez tout le monde contre vous.... Je promis au comte d'avoir l'honneur de dîner avec lui avant de partir pour l'Italie, et je me retirai.

LA TENTATION.

Je revins aussitôt à Paris. Le portier me dit qu'une jeune fille, qui avait une boîte de carton, était venue me demander un instant avant que j'arrivasse. Je ne sais, dit-il, si elle s'en est allée ou non. Je pris la clef de ma chambre, et je trouvai dans l'escalier la jeune fille qui descendait.

C'était mon aimable fille du quai de Conti. Madame de R.... l'avait envoyée chez une marchande de modes, à deux pas de l'hôtel de Modène : je ne l'avais pas été voir, et elle lui avait dit de s'informer si je n'étais déjà plus à Paris ; et, en ce cas, si je n'avais pas laissé une lettre à son adresse.

Elle monta avec moi dans ma chambre, pour attendre que j'eusse écrit une carte.

C'était une belle soirée de la fin du mois de mai. Les rideaux de la fenêtre, de taffetas cramoisi, étaient bien fermés.... Le soleil se couchait, et réfléchissait à travers l'étoffe une si belle teinte sur le visage charmant de la jeune beauté, que je crus qu'elle rougissait.... Cette idée me fit rougir moi-même...... Nous étions seuls, et cette circonstance me donna une seconde rougeur avant que la première fût dissipée.

Il y a une espèce agréable de rougeur

qui est à moitié criminelle, et qui provient plutôt du sang que de l'homme lui-même.... Le cœur l'envoie avec impétuosité, et la vertu vole à sa suite.... non pas pour la rappeler, mais pour en rendre la sensation plus délicieuse.... elles vont de compagnie....

Je ne la décrirai pas.... Je sentis d'abord quelque chose en moi qui n'était pas conforme à la leçon de vertu que j'avais donnée la veille sur le quai de Conti; je cherchai une carte pendant cinq ou six minutes, quoique je susse que je n'en avais point.... Je pris une plume.... je la replaçai; ma main tremblait, le diable m'agitait.

Je sais aussi bien que tout autre que c'est un ennemi qui s'enfuit si on lui résiste; mais il est rare que je lui résiste, de peur d'être blessé au combat, quoique vainqueur.... j'aime mieux, pour plus de sûreté, céder le triomphe; et c'est moi-même qui fuis, au lieu de le faire fuir.

La jeune fille s'approcha du secrétaire, où je cherchais si inutilement une carte.... Elle prit d'abord la plume que j'avais replacée, et m'offrit de me tendre le cornet.... et cela d'une voix si douce, que j'allais l'accepter : cependant je n'osai pas. Mais, ma chère, je n'ai point de carte, lui dis-je, pour écrire. Qu'importe ; écrivez, dit-elle naïvement, sur telle chose que ce soit.

Ah ! je fus tenté de lui dire : je vais donc l'écrire sur tes lèvres....

Mais je suis perdu, me dis-je, si je fais cela. Je la pris par la main, et la menai vers la porte, en la priant de ne point oublier la leçon que je lui avais donnée.... Elle promit de s'en souvenir, et elle fit cette promesse avec tant d'ardeur, qu'en se retournant elle mit ses deux mains dans les miennes.... Il était impossible, dans cette situation, de ne pas les serrer ; je voulais les laisser aller, et je les retenais encore.... je ne lui parlais point, je raisonnais en moi-même..... L'action me faisait de la peine, mais je tenais toujours ses mains serrées.... Au même instant je m'aperçus qu'il fallait recommencer le combat; je sentais tout mon cœur trembler à cette idée.

Le lit n'était qu'à deux pas de nous.... Je lui tenais encore les mains.... et je ne sais comment cela arriva.... je ne lui dis pas de s'y asseoir.... je ne l'y attirai pas.... je n'y pensais même pas..... cependant nous nous trouvâmes tous deux assis sur le pied du lit.

Il faut, dit-elle, que je vous montre la petite bourse que j'ai faite ce matin pour mettre votre écu.... Elle la chercha dans sa poche droite qui était de mon côté, et la chercha pendant quelque temps ; ensuite dans sa poche gauche, et, ne la trouvant point, elle craignait de l'avoir perdue.... Je n'ai jamais attendu une chose avec autant de patience. Enfin, elle la trouva dans sa poche droite, et l'en tira pour me la montrer. Elle était de taffetas vert doublé de satin blanc piqué, et n'était pas plus grande qu'il ne fallait pour contenir l'écu qui était dedans. Elle me la mit dans la main; elle était joliment faite... Je la tins dix minutes, le revers de ma main appuyé sur ses genoux.... Je regardai la bourse, et quelquefois à côté.

J'avais un col plissé, dont quelques fils s'étaient rompus. Elle enfila, sans rien dire une aiguille, et se mit à le raccommoder.... Je prévis alors tout le danger que courait ma gloire.... Sa main, qu'elle faisait passer et repasser sur mon cou, en gardant le silence, agitait violemment les lauriers que mon imagination avait placés sur ma tête.

La boucle d'un de ses souliers s'était défaite en marchant.... Voyez dit-elle en levant son pied, j'allais la perdre si je ne m'en étais pas aperçue.... Je ne pouvais pas faire moins, en reconnaissance du soin qu'elle avait pris de me raccommoder mon col, que de rattacher sa boucle.... Lorsque j'eus fini, je levai l'autre pied, pour voir si les boucles étaient placées l'une comme l'autre.... Je le fis un peu trop brusquement.... et la belle fille fut renversée..... Et alors.........

LA CONQUÊTE.

Oui...., et alors ?..... O vous ! dont les têtes froides et les cœurs tièdes peuvent vaincre ou masquer les passions par le raisonnement, dites-moi quelle faute un homme commet à les ressentir ? Comment son esprit est-il responsable envers l'émanateur de tous les esprits, de la conduite qu'il tient quand il en est agité ?

Si la nature, en tissant sa toile d'amitié, a entrelacé dans toute la pièce quelques fils d'amour et de désir, faut-il déchirer toute la toile pour les en arracher ? Oh ! châtie de pareils stoïciens, grand maître de la nature ! m'écriai-je en moi-même. En quelque endroit que tu me places pour éprouver ma vertu, quel que soit le péril où je me trouve exposé, quelle que soit ma situation, laisse-moi sentir les mouvemens des passions qui appartiennent à l'humanité!..... Et, si je les gouverne comme je le dois, j'ai toute confiance en ta justice; car c'est toi qui nous a formés.... nous ne nous sommes pas faits nous mêmes.

Je n'eus pas sitôt adressé cette courte prière au ciel, que je relevai la jeune fille. Je la pris par la main et la conduisis hors de la chambre... Elle se tint près de moi jusqu'à ce que j'eusse fermé la porte, et que j'en eusse mis la clef dans ma poche..... Alors la victoire était décidée.... et seulement alors je lui donnai un baiser sur la joue..... Je la pris par la main, et je la conduisis en toute sûreté jusqu'à la porte de la rue.

LE MYSTÈRE.

Un homme qui jugera le cœur humain, jugera aisément qu'il m'était impossible de retourner sitôt dans ma chambre : c'eût été passer d'un morceau musical dont le feu avait animé toutes mes affections, à une clef froide.... Je restai donc quelque temps sur la porte de l'hôtel, et je m'occupai à examiner les passans et à former sur eux les conjectures que leurs différentes allures me suggéraient ; mais un seul objet fixa bientôt toute mon attention, et confondit toute espèce de raisonnement que je pouvais faire sur lui.

C'était un grand homme sec, d'un sérieux philosophique et d'une mine hâlée, qui passait et repassait gravement dans la rue, et n'allait jamais au-delà de soixante pas de chaque côté de la porte. Il paraissait avoir à-peu-près cinquante-deux ans ; il avait une petite canne sous le bras....

Son habit, sa veste et sa culotte étaient de drap noir, un peu usé, mais encore propre. A sa manière d'ôter son chapeau et d'accoster un grand nombre de passans, je jugeai qu'il demandait l'aumône, et je préparai quelque monnaie pour la lui donner, quand il s'adresserait à moi en passant... Mais il passa sans me rien demander, et cependant ne fit pas six pas sans s'arrêter vis-à-vis d'une petite femme qui venait devant lui... J'avais plus l'air de lui donner qu'elle. A peine eut-il fini, qu'il ôta son chapeau à une autre qui venait par le même chemin. Un monsieur d'un certain âge avançait lentement; il était suivi d'un jeune homme fort bien mis... Il les laissa passer tous deux sans leur rien demander... Je restai à l'observer une bonne demi-heure, et il fit pendant ce temps une douzaine de tours en avant et en arrière, en suivant constamment la même conduite.

Il y avait dans cela deux choses bien singulières, et qui me faisaient faire inutilement beaucoup de réflexions : c'était de savoir d'abord pourquoi il ne contait son histoire qu'aux femmes; et ensuite, quelle espèce d'éloquence il employait pour toucher leurs cœurs, en jugeant apparemment qu'elle était inutile pour émouvoir ceux des hommes.

Deux autres circonstances me rendaient encore ce mystère plus impénétrable : l'une, qu'il disait tout bas à chaque femme ce qu'il avait à lui dire, et d'une façon qui avait plutôt l'air d'un secret confié que d'une demande; l'autre était qu'il réussissait toujours. Il n'arrêtait pas une seule femme qui ne tirât sa bourse pour lui donner quelque chose.

J'eus beau réfléchir, je ne pus me former de système pour expliquer ce phénomène.

C'était une énigme à m'occuper tout le reste de la soirée, et je me retirai dans ma chambre.

LE CAS DE CONSCIENCE.

Mon hôte me suivit, et à peine fut-il entré, qu'il me dit de chercher un autre logement. Pourquoi cela, lui dis-je, mon ami ?.... Pourquoi ?.,.. N'avez-vous donc pas eu pendant deux heures une jeune fille enfermée avec vous ? Cela est contre les règles de ma maison... Fort bien ! lui dis-je, et nous nous quitterons tous bons amis, car la jeune fille n'a point eu de mal... ni moi non plus, et je vous laisserai comme je vous ai trouvé... C'en est assez, reprit-il, pour perdre mon hôtel de réputation... Cela n'est pas équivoque... Voyez, ajouta-t-il, en me montrant le pied du lit où nous avions été assis... J'avoue que cela avait quelque apparence d'un témoignage; mais mon orgueil ne souffrait pas que j'entrasse en explication avec lui : je lui dis donc de se tranquilliser, de dormir aussi bien que je le ferais cette nuit, et que je le paierais le lendemain matin.

Je ne me serais pas soucié, monsieur, de vous voir une vingtaine de filles.... Et je n'ai jamais songé, moi, à en avoir une seule, lui dis-je en l'interrompant...... Pourvu, ajouta-t-il, que c'eût été le matin.... Est-ce que la différence des momens du jour met, à Paris, de la différence dans le mal? Cela en fait beaucoup, monsieur, par rapport à la décence.... Je goûte une bonne distinction, et je ne pouvais pas me fâcher bien vivement contre cet homme.... J'avoue, poursuivit-il, qu'il est nécessaire à un étranger d'avoir la commodité d'acheter des dentelles, de la broderie, des bas de soie.... et ce n'est rien, quand une femme qui vend de tout cela vient avec une boîte de carton.... cela passe.... Oh? en ce cas, votre conscience et la mienne sont à l'abri; car, sur ma foi, et elle en avait une, mais je n'y ai pas regardé.... Monsieur n'a donc rien acheté? dit-il. Rien du tout, dis-je. C'est que je vous recommanderais, monsieur, une jeune fille qui vous vendra en conscience. A la bonne heure ; mais il faut que je la voie ce soir.... Il me fit une profonde révérence, et se retira sans répliquer.

Je vais triompher de cet homme, me dis-je ; mais quel profit en tirerai-je ? Je lui ferai voir que ce n'est qu'une âme vile. Et ensuite ? Ensuite !.... J'étais trop près de moi, pour dire que c'était pour l'amour des autres.... Je n'avais point de bonne réponse à me faire à cette question.... Il y avait plus de mauvaise humeur que de principe dans mon projet.... et il me déplaisait même avant de l'exécuter.

Une jeune grisette entra quelques minutes après, avec une boîte de dentelles... Elle vient bien inutilement, me dis-je, je n'acheterai certainement rien.

Elle voulait me faire tout voir.... Mais il était difficile de me montrer quelque chose qui me plût. Cependant elle ne faisait pas semblant de s'apercevoir de mon indifférence. Son petit magasin était ouvert, et elle en étala toutes les dentelles à mes yeux, les déplia et les replia l'une après l'autre avec beaucoup de patience et de douceur.... Il ne tenait qu'à moi d'acheter ou de ne point acheter ; elle me laissait le tout pour le prix que je voudrais lui en donner. La pauvre créature semblait avoir grande envie de gagner quelques sous, et fit tout ce qu'elle put pour vaincre mon obstination.... Le jeu de ses grâces était cependant plus animé par un air naïf et caressant, que par l'art.

S'il n'y a pas dans l'homme un fonds de complaisance et de bonté qui le rende dupe, *tant pis*. Mon cœur s'amollit, et ma dernière résolution se changea aussi facilement que la première... Pourquoi punir quelqu'un de la faute des autres ? Si tu es tributaire de ce tyran d'hôte, me disais-je en fixant la jeune marchande, je plains ton sort.

Je n'aurais eu que quelques louis dans

ma bourse, que je ne l'aurais pas renvoyée sans en dépenser trois... Je lui pris une paire de manchettes.

L'hôte va partager son profit avec elle... Qu'importe? je n'ai fait que payer, comme tant d'autres ont fait avant moi, pour une action qu'ils n'ont *pu* commettre, ou même en avoir l'idée.

L'ÉNIGME.

La Fleur, en me servant au soupé, me dit que l'hôte était bien fâché de l'affront qu'il m'avait fait en me disant de chercher un autre logement.

Un homme qui veut passer une nuit tranquille, ne se couche point avec de l'inimitié contre quelqu'un, quand il peut se réconcilier. Je dis donc à la Fleur de dire à l'hôte que j'étais fâché moi-même de lui avoir donné occasion de me faire ce mauvais compliment; vous pouvez même ajouter, que si la jeune fille revenait encore, je ne veux plus la revoir.

Ce n'était pas à lui que je faisais ce sacrifice, c'était à moi-même... *après l'avoir échappé aussi belle*, je m'étais résolu de ne plus courir de risques, et de tâcher de quitter Paris, s'il était possible, avec le même fonds de vertu que j'y avais apporté.

Mais, monsieur, dit La Fleur en me saluant jusqu'à terre, ce n'est pas suivre le ton... Monsieur changera sans doute de sentiment. Si par hasard il voulait s'amuser... Je ne trouve point en cela d'amusement, lui dis-je en l'interrompant.

Mon Dieu! dit La Fleur en ôtant le couvert.

Il alla souper, et revint une heure après pour me coucher. Personne n'était plus attentif que lui; mais il était encore plus officieux qu'à l'ordinaire. Je voyais qu'il voulait me dire ou me demander quelque chose, et qu'il n'osait le faire. Je ne concevais pas ce que ce pouvait être, et je ne me mis pas beaucoup en peine de le savoir. J'avais une autre énigme plus intéressante à deviner, c'était le manége de l'homme que j'avais vu demandant la charité. J'en aurais bien voulu connaître tous les ressorts, et ce n'est point la curiosité qui m'excitait: c'est en général un principe de recherche si bas, que je ne donnerais pas une obole pour la satisfaire... Mais un secret qui amollissait si promptement et avec autant d'efficacité le cœur du beau sexe, était, à mon avis, un secret qui valait la pierre philosophale. Si les deux Indes m'eussent appartenu, j'en aurais donné une pour le savoir.

Je le tournai et retournai inutilement toute la nuit dans ma tête. Mon esprit, le lendemain en m'éveillant, était aussi épuisé par mes rêves, que celui du roi de Babylone l'avait été par ses songes. Je n'hésiterai pas d'affirmer que l'interprétation de cette énigme aurait embarrassé tous les savans de Paris, aussi bien que ceux de la Chaldée.

LE DIMANCHE.

Cette nuit amena le dimanche. La Fleur, en m'apportant du café, du pain et du beurre, pour mon déjeûné, était si paré, que j'eus de la peine à le reconnaître.

En le prenant à Montreuil, je lui avais promis un chapeau neuf avec une ganse et un bouton d'argent et quatre louis pour s'habiller à Paris : le bon garçon avait, on ne peut mieux, employé son argent.

Il avait acheté un fort belle habit d'écarlate, et la culotte de même.... Cela n'avait été porté que peu de temps.... Je lui sus mauvais gré de me dire qu'il avait fait cette emplette à la friperie.... l'habillement était si frais, que, quoique je susse bien qu'il ne pouvait pas être neuf, j'aurais souhaité pouvoir m'imaginer que je l'avais fait faire exprès pour lui, plutôt que d'être sorti de la friperie.

Mais c'est une délicatesse à laquelle on ne fait pas beaucoup d'attention à Paris.

La veste qu'il avait achetée était de satin bleu, assez bien brodée en or, un peu usée, mais encore fort apparente; le bleu n'était pas trop foncé, et cela s'assortissait très-bien avec l'habit et la culotte. Outre cela, il avait su tirer encore de cette somme une bourse à cheveux neuve et un solitaire; et il avait tant insisté auprès du fripier, qu'il en avait obtenu des jarretières d'or aux genouillères de sa culotte. Il avait acheté de sa propre monnaie des manchettes brodées qui coûtaient quatre francs, et une paire de bas de soie blancs cinq francs. Mais par-dessus tout, la nature lui avait donné une belle figure qui ne lui coûtait pas un sou.

C'est ainsi qu'il entra dans ma chambre, ses cheveux frisés dans le dernier goût, et avec un gros bouquet à la boutonnière de son habit. Il y avait dans tout son maintien un air de gaîté et de propreté, qui me rappela que c'était dimanche. Je conjecturai aussitôt, en combinant ces deux choses, que ce qu'il avait à me dire le soir, était de me demander la permission de passer ce jour-là comme on le passe à Paris. J'y avais à peine pensé, que d'un air timide, mêlé cependant d'une sorte de confiance que je ne le refuserais pas, il me pria de lui accorder la journée, en ajoutant ingénument que c'était pour faire le galant vis-à-vis de sa maîtresse.

Moi, j'avais précisément à le faire vis-à-vis de madame de R.... J'avais retenu exprès mon carrosse de remise, et ma vanité n'aurait pas été peu flattée d'avoir un domestique aussi élégant derrière ma voiture.... J'avais de la peine à me résoudre à me passer de lui dans cette occasion.

Mais il ne faut pas raisonner dans ces petits embarras, il faut sentir. Les domestiques sacrifient leur liberté dans le contrat qu'ils font avec nous ; mais ils ne sacrifient pas la nature. Ils sont de chair et de sang, et ils ont leur vanité, leurs souhaits, aussi bien que leurs maîtres...... Ils ont mis à prix leur *abnégation* d'eux-mêmes, si je peux me servir de cette expression ; cependant leurs prétentions sont quelquefois si déraisonnables, que si leur état ne me donnait pas le moyen de les mortifier, je voudrais souvent les en frustrer.... Mais quand je réfléchis qu'ils peuvent me dire :

Je le sais bien.... je sais que je suis votre domestique..... Je sens alors que je suis désarmé de tout le pouvoir d'un maître.

La Fleur, tu peux exaler, lui dis-je.....

Mais quelle espèce de maîtresse as-tu faite depuis si peu de temps que tu es à Paris?.... Et La Fleur, en mettant la main sur sa poitrine, me dit que c'était une demoiselle qu'il avait vue chez M. le comte de B.... La Fleur avait un cœur fait pour la société; à dire vrai, il en laissait échapper, de manière ou d'autre, aussi peu d'occasion que son maître.... Mais comment celle-ci vint-elle ? Dieu le sait. Tout ce qu'il m'en dit, c'est que pendant que j'étais chez le comte, il avait fait connaissance avec la demoiselle au bas de l'escalier. Le comte m'avait accordé sa protection, et La Fleur avait su se mettre dans les bonnes grâces de la demoiselle. Elle devait venir ce jour-là à Paris, avec deux ou trois autres personnes de la maison de M. le comte, et il avait fait la partie de passer la journée avec eux sur les boulevards.

Gens heureux ! qui une fois la semaine au moins, mettez de côté vos embarras et vos soucis, et qui, en chantant et dansant, éloignez gaîment de vous un fardeau de peines et de chagrins qui accable les autres nations !

OCCUPATION IMPRÉVUE.

La Fleur, sans y songer plus que moi, m'avait laissé de quoi m'amuser tout le jour.

Il m'avait apporté le beurre sur une feuille de figuier. Il faisait chaud, et il avait demandé une mauvaise feuille de papier pour mettre entre sa main et la feuille de figuier. Cela tenait lieu d'une assiette, et je lui dis de mettre le tout sur la table comme c'était. Le congé que je lui avais donné m'avait déterminé à ne point sortir. Je lui dis d'avertir le traiteur que je dînerais à l'hôtel, et de me laisser déjeûner.

Lorsque j'eus fini, je jetai la feuille de figuier par la fenêtre. J'en allais faire autant de la feuille de papier; mais elle était imprimée. J'y jetai les yeux. J'en lus une ligne, puis une autre, puis une troisième; cela excita ma curiosité. Je fermai la fenêtre, près de laquelle j'approchai un fauteuil, et je me mis à lire.

C'était du vieux français qui paraissait être du temps de Rabelais ; c'était peut-être lui qui en était l'auteur. Le caractère en était gothique, et si effacé par l'humidité et par l'injure du temps, que j'eus bien de la peine à le déchiffrer.... J'en abandonnai même la lecture, et j'écrivis une lettre à mon ami Eugène.... Mais je repris le chiffon. Impatienté de nouveau, je t'écrivis aussi, ma chère Eliza, pour me calmer ; mais irrité par la difficulté de débrouiller le maudit papier, je le repris encore, et cette difficulté que j'éprouvais à le comprendre, n'en faisait qu'augmenter le désir.

Le dîner vint. Je réveillai mes esprits par une bouteille de vin de Bourgogne, et je repris ma tâche. Enfin, après deux ou trois heures d'une application presque aussi profonde que jamais Gruter ou Spon en mirent pour pénétrer le sens d'une inscription absurde, je crus m'apercevoir que je comprenais ce que je lisais... Mais, pour m'en assurer davantage, je m'imaginai qu'il n'y avait pas de meilleur moyen que de le traduire en anglais, pour voir la figure que cela ferait... Je m'en occupai à loisir comme un homme qui écrit des maximes; tantôt en faisant quelques tours dans ma chambre, tantôt en me mettant à la fenêtre; puis je reprenais ma plume. A neuf heures du soir, j'eus enfin achevé mon travail. Alors je me mis à lire ce qui suit.

FIN DU PREMIER VOLUME.

TABLE DES MATIÈRES

CONTENUES

DANS CE PREMIER VOLUME.

Voyage Sentimental, page	5
Calais.	7
Le moine.	9
Idem.	13
Idem.	16
La désobligeante.	17
Préface dans la désobligeante.	18
Dans la rue.	31
La porte de la remise.	34
Idem.	38
La tabatière.	42
La porte de la remise.	46
Dans la rue.	50
La remise.	53
Encore la remise.	55
Toujours la remise	58

Dans la rue.	59
Montreuil.	64
Fragment.	74
Le bidet.	81
Nampont. L'âne mort.	85
Le postillon.	89
Amiens.	91
La lettre.	95
Idem.	101
Paris.	103
La perruque.	105
Le pouls.	108
Le mari.	113
Les gants.	116
La traduction.	119
Le nain.	124
La rose.	131
La femme de chambre.	135
Le passe-port.	143
L'hôtel à Paris.	147
Le captif.	154
Chemin de Versailles.	157
Le placet.	160
Le pâtissier.	164
L'épée.	170
Versailles.	174
Le passe-temps.	182
Digression.	186

Caractères.	188
La tentation.	192
La conquête.	198
Le mystère.	200
Le cas de conscience.	203
L'énigme.	207
Le dimanche.	210
Occupation imprévue.	215

Fin de la Table du premier volume.

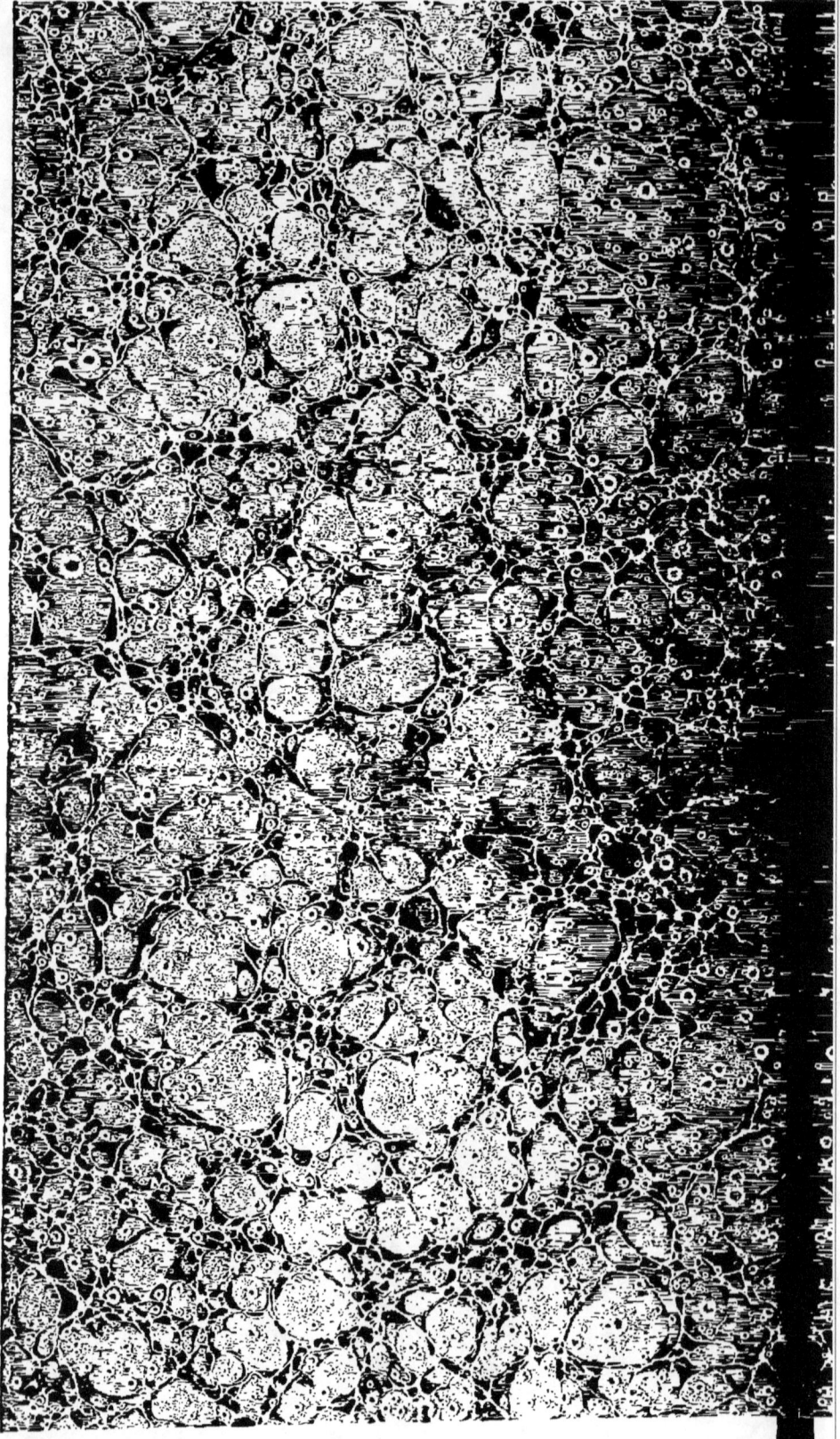

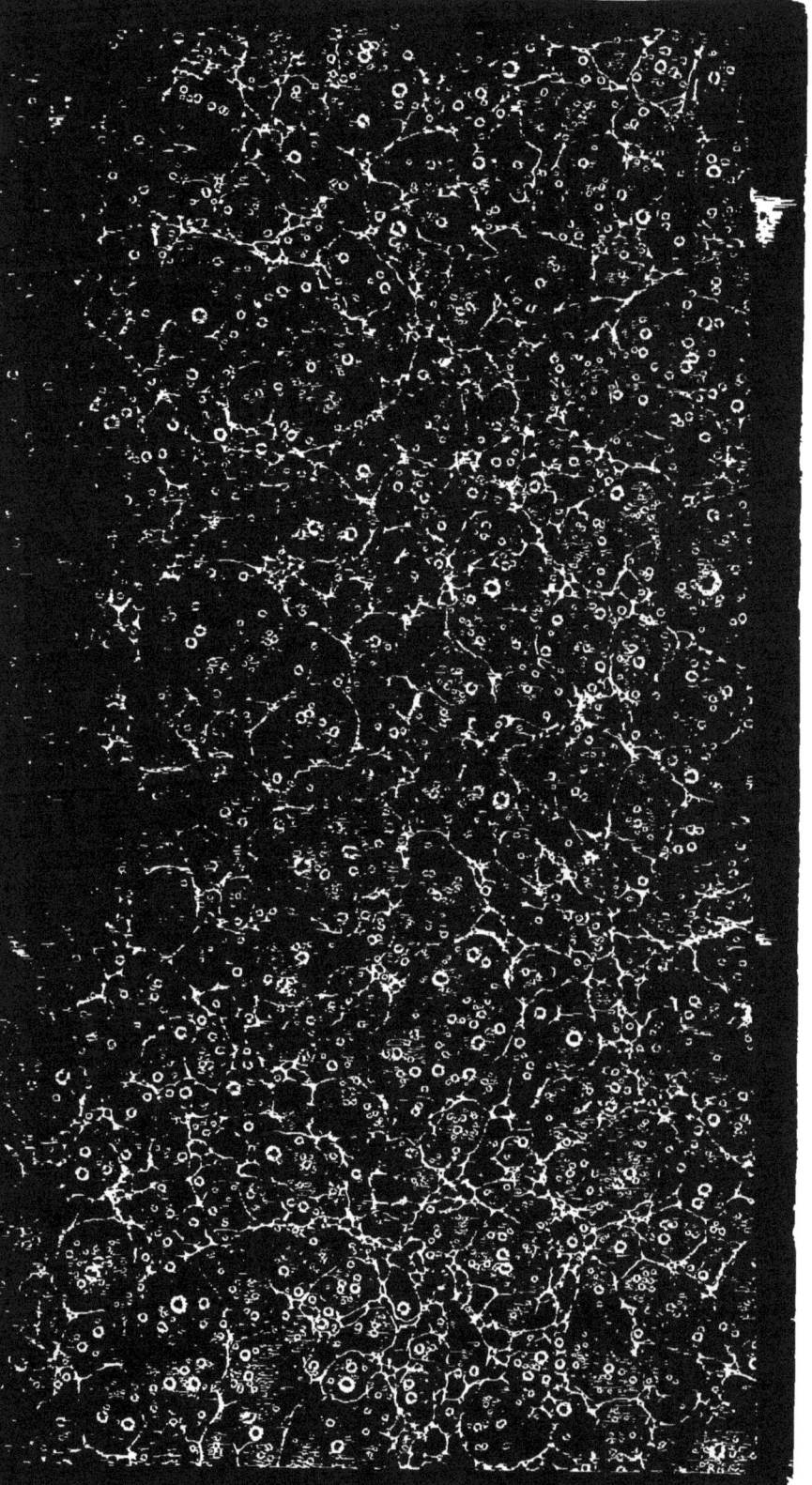

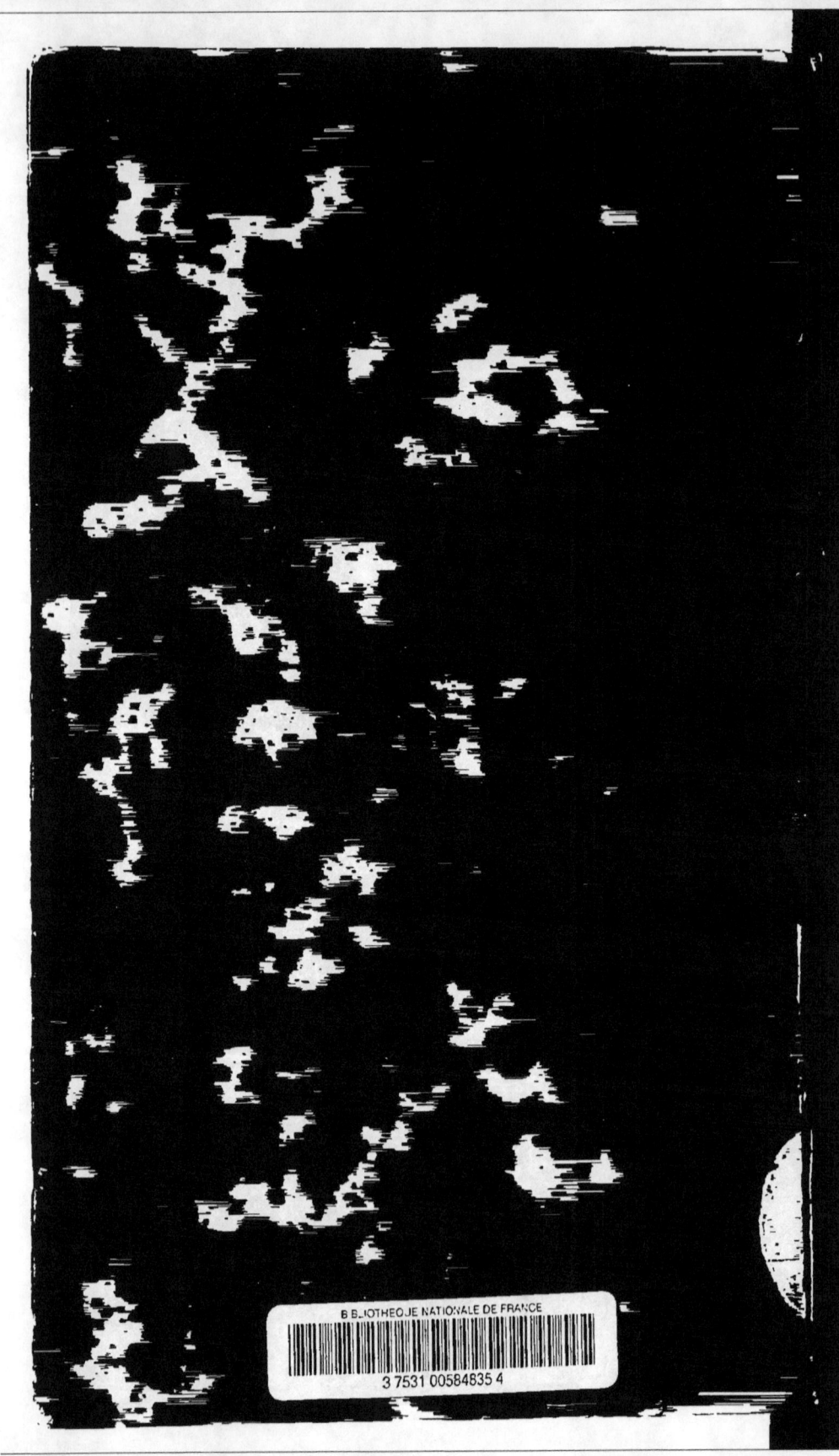

www.ingramcontent.com/pod-product-compliance
Lightning Source LLC
Chambersburg PA
CBHW051900160426
43198CB00012B/1682